THE LANGUAGE GYM

French Sentence Builders

TRILOGY
PART I

A Lexicogrammar approach

Answers & transcripts

This is the answer & transcripts booklet for
"French Sentence Builders – TRILOGY – Part I
– A Lexicogrammar approach"

SENTENCE BUILDERS TRILOGY
PART I - TABLE OF CONTENTS

* Units marked with an asterisk are optional

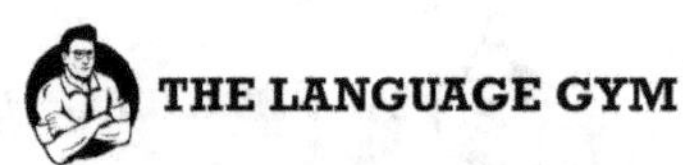

TERM 1

TRANSCRIPTS: Unit 0

1. Break the flow: draw a line between each word

a. Comment tu t'appelles?   b. Salut, je m'appelle Paul   c. Comment ça va aujourd'hui?
d. Bonjour, aujourd'hui ça va très bien   e. Aujourd'hui, je suis assez fatigué   f. Je suis un peu énervé
g. Je suis très heureuse!

2. Faulty echo

a. Comment tu t'**appelles**?
b. **Je** m'appelle Charles
c. **Bonjour**, comment ça va?
d. **Bonsoir**, je vais très mal

e. Je suis très **détendu**
f. **Aujourd'hui**, je vais très bien, merci
g. **Enchantée**

3. Arrange in the correct order

Bonjour. Comment tu t'appelles? Je m'appelle Charles. Aujourd'hui je vais bien car je suis très heureux et assez détendu. Et toi, comment ça va aujourd'hui?

4. Fill in the blanks

a. **Comment** tu t'appelles?   b. **Comment** ça va **aujourd'hui**?   c. Bonjour   d. **Bonne** nuit   e. Salut
f. **Aujourd'hui** je **vais** très bien   g. **Aujourd'hui** je **vais** mal   h. Je suis très heureuse

5. Listen and fill in the gaps

Paul: Salut, comment tu t' **appelles**?
Marie: **Bonjour**, je m'appelle Marie.

Paul: Enchanté Marie, comment ça **va**?
Marie: Aujourd'hui, je vais **très bien** car je suis très **heureuse**. Et toi?

Paul: Super! Moi, je vais **bien** car je suis assez **détendu**, merci.
Marie: D'accord Paul, **enchantée**.

Paul: Au revoir! ☺

6. Listen and fill in the grid in French

e.g. Je m'appelle Paul et je vais très bien car je suis heureux
a. Je m'appelle Joël et je vais comme-ci, comme-ça car je suis un peu fatigué
b. Je m'appelle Thomas. Je vais bien car je suis détendu
c. Je m'appelle Léa et aujourd'hui, je vais très mal car je suis en colère
d. Je m'appelle Dylan et aujourd'hui je vais mal car je suis un peu triste
e. Je m'appelle Anne et aujourd'hui je vais bien, mais je suis un peu stressée

Unit 0. EPI Register Routine: LISTENING

1. Break the flow: draw a line between each word

a. Comment tu t'appelles?   b. Salut, je m'appelle Paul   c. Comment ça va aujourd'hui?
d. Bonjour, aujourd'hui ça va très bien   e. Aujourd'hui, je suis assez fatigué   f. Je suis un peu énervé
g. Je suis très heureuse!

2. Faulty echo

a. appelles?   b. Je   c. Bonjour   d. Bonsoir   e. détendu   f. Aujourd'hui,   g. Enchanté

3. Arrange in the correct order

Hello 1 What is your name? 2   My name is Charles 3   Today I am well 4   because I am very happy 5
and quite relaxed 6   And you, how are you today? 7

4. Fill in the blanks

a. **Comment** tu t'**appelles**?   b. **Comment** ça va **aujourd'hui**?   c. B**onjour**   d. B**onne** nuit   e. **Salut**
f. **Aujourd'hui** je v**ais très** bien   g. **Aujourd'hui** je v**ais** ma**l**   h. Je s**uis** très **heureux**

5. Listen and fill in the gaps

appelles – Bonjour – va – très bien – heureuse – bien – détendu – enchantée

6. Listen and fill in the grid in French

e.g. *très bien - heureux*
a. comme-ci, comme-ça - fatigué   b. bien - détendu c. très mal - en colère d. mal - triste   e. bien - stressée

Unit 0. EPI Register Routine: VOCABULARY BUILDING

1. Match

Je vais bien – I am well   **Je vais mal** – I am (feeling) bad   **Comme-ci, comme-ça** – So-so
Je vais très mal – I am (feeling) very bad   **Je vais très bien** – I am very well   **Je suis fatigué** – I am tired
Je suis heureux – I am happy   **Je suis stressé** – I am stressed   **Je suis triste** – I am sad

2. Faulty translation

a. Je suis heureux: I am **happy**   b. Je suis fatigué: I am **tired**   c. Je vais bien: I am well – Correct
d. Je suis stressé: I am **stressed**   e. Je suis triste: I am **sad**   f. Je vais mal: I am (feeling) bad – Correct
g. Je vais comme-ci, comme-ça: I am so-so – Correct   h. Je vais très mal: I am (feeling) very bad – Correct
i. Aujourd'hui: **Today.**   j. Bonjour: **Hello**

3. Break the flow

a. Je vais bien car je suis heureuse   b. Je vais mal car je suis énervé   c. Je vais très bien car je suis détendu
d. Je vais très mal car je suis stressé   e. Je vais mal car je suis triste   f. Je vais mal car je suis en colère
g. Je vais comme-ci, comme-ça car je suis fatigué

4. Fill in the gaps

a. **Salut**, comment tu t'**appelles**?   b. Je m'appelle Paul, **enchanté**   c. **Comment** ça va **aujourd'hui**?
d. **Ça va** bien merci, et **toi**?   e. Ça va bien **merci**   f. ...mais je suis un peu **fatigué**   g. **Au revoir** à bientôt!

5. Broken words

a. **S**alut, **c**omment tu t'a**pp**elles?   b. Je m'a**pp**elle Lily, enchantée   c. **C**omment ça va **a**ujourd'hui?
d. **A**ujourd'hui ça va **a**ssez b**i**en, **m**erci   e. Je **v**ais comme-ci, comme-ça car je **s**uis un **p**eu stressée.

6. Complete with a suitable word

a. **Salut**, je m'appelle **Dylan**   b. Et toi comment tu t'**appelles**?   c. Je m'appelle Paul. Enchanté
d. **Enchanté, comment** ça va aujourd'hui?   e. **Je vais** assez bien, **merci**   f. Et **toi**? Comment ça **va**?
g. Aujourd'hui je vais très mal car je suis très **fatigué / stressé**   h. Je vais **mal** car je suis malade
i. Je vais très bien **car** je suis heureuse

Unit 0. EPI Register Routine: READING

1. Find the French for the following items in Olivia and Marie's dialogue

a. Bonjour   b. Comment tu t'appelles?   c. Je m'appelle Marie   d. Comment ça va aujourd'hui?
e. Je vais très bien merci   f. Je vais comme-ci, comme-ça   g. Pourquoi?   h. Qu'est-ce qu'il se passe?
i. Je suis très fatiguée   j. et un peu stressée   k. Merci de me demander   l. De rien   m. D'accord
n. Enchantée   o. De même.   p. Au revoir

2. Answer the following questions about Olivia and Marie

a. She is feeling great   b. She is very happy and relaxed   c. Olivia is so-so   d. She is tired and stressed

3. Find someone who...

a. Olivia   b. Julien   c. Éric   d. Julien   e. Marie   f. Olivia   g. Éric   h. Marie

Unit 0. EPI Register Routine: WRITING

1. Faulty translation: spot and correct (in the English) any translation mistakes you find below

a. Je m'appelle Dylan – ***My*** *name is Dylan*   b. Comment tu t'appelles? – ***What is your name****?*
c. Comment ça va aujourd'hui? – ***How*** *are you today?*   d. Je vais comme-ci, comme-ça – *I am **so-so***
e. Je suis très heureuse – *I am **very** happy*   f. Je suis un peu stressé – *I am **a bit** stressed*
g. Je vais très mal – *I am (feeling) very **bad***   h. Je vais très bien – *I am **great***
i. Je suis assez fatigué – *I am quite **tired***   j. Enchanté – ***Nice to meet you***

2. Translate into English

a. Hi, what's your name?   b. How are you today?   c. My name is Pierre   d. I'm quite well, thanks
e. And you?   f. I'm very well   g. Today I'm very calm   h. Today I'm unwell   i. I'm very happy
j. I'm sad and angry

3. Anagram challenge: unscramble the words and then translate

a. Bonjour: Good morning   b. Bonne nuit: Good night   c. Comment ça va?: How are you?
d. Je suis triste: I am sad   e. Je suis heureux: I am happy   f. Comment tu t'appelles ?: What is your name?
g. Je suis fatigué: I am tired   h. Je vais très bien: I am (feeling) great   i. Je suis très en colère: I am very angry
j. Enchanté: Nice to meet you

4. Translate into French

a. Bonjour   b. Bonsoir   c. Bonne nuit   d. Comment ça va ?   e. Comment tu t'appelles?
f. Je vais très bien merci. Et toi ?   g. Je vais comme-ci, comme-ça car je suis un peu triste   h. Je suis très heureux
et détendu   i. Je suis en colère et nerveux   j. Je suis un peu fatigué

TRANSCRIPTS: Unit 1 – Talking about my age

1. Fill in the blanks

a. Je m'**appelle** Alexandre.   b. J'ai **quinze** ans.   c. J'ai **deux** frères.   d. **Mon** frère aîné s'**appelle** Robert.
e. Mon **frère** cadet s'appelle Julien.   f. Comment tu **t'**appelles?   g. Quel **âge** as-tu?

2. Break the flow (draw a line between each word)

a. Je m'appelle Anthony et j'ai douze ans.   b. J'ai quinze ans.   c. Mon frère s'appelle Pierre.
d. Ma sœur s'appelle Anne.   e. Quel âge as-tu?   f. Mon frère s'appelle Philippe.   g. Comment tu t'appelles?

3. Arrange in the correct order

Je m'appelle Paul. J'ai treize ans. J'ai un frère et une sœur. Mon frère s'appelle Fernand. Ma sœur s'appelle Anne. Fernand a dix-sept ans. Anne a quinze ans.

4. Spot the differences and correct your text

a. Je m'appelle **Marina**.   b. J'ai **douze** ans.   c. J'ai deux **frères**.   d. Mon frère aîné s'appelle **Paul**.
e. Mon frère **cadet** s'appelle Robert.   f. Paul a **quinze** ans.   g. Robert a **neuf** ans.   h. Quel âge **as-tu?**

5. Complete with the missing letters

a. Je **M'**appelle Pierre   b. Je suis d**U** Pays Basque.   c. J'ai quin**Z**e ans.
d. Je n'ai p**A**s de frère.   e. Mais j'ai un**E** sœur.   f. Ma sœur **S'**appelle Anne.
g. Alice a do**U**ze a**N**s.   h. Et toi, comment tu **T'**appelles?   i. Quel âge as-t**U?**

6. Spot the missing words and write them in

a. **(Bonjour)**, je m'appelle Pierre.   b. Je viens **(de)** France.   c. J'ai treize **(ans)**.   d. J'ai un frère **(et)** une sœur
e. Mon frère **(s')** appelle Robert.   f. **(Ma)** sœur s'appelle Isabelle.   g. Robert **(a)** quatorze ans.

7. Listen, spot and correct the errors

a. J'**ai** quatorze ans.   b. Je **m'**appelle Charles.   c. Mon frère s'appelle **Paul**.
d. J'ai **deux** frères.   e. J'ai **un** frère et une sœur.   f. Quel âge **as-tu?**

8. Listen and fill in the grid

(1) Je m'appelle Marie et j'ai douze ans. J'ai deux frères, mais je n'ai pas de sœurs. **(2)** Je m'appelle Joël et j'ai quatorze ans. J'ai quatre frères et une sœur. **(c)** Je m'appelle Paul et j'ai huit ans. J'ai un frère et une sœur. **(3)** Je m'appelle Anne et j'ai onze ans. Je suis fille unique. Je n'ai ni de frère, ni de sœur. **(4)** Je m'appelle Émilie et j'ai cinq ans. J'ai deux frères et deux sœurs. **(5)** Je m'appelle Mélanie et j'ai quinze ans. J'ai trois sœurs, mais pas de frères.

9. Faulty translation: spot the translation errors and correct them

a. Je m'appelle Émilie.   b. Je suis française.   c. J'ai trois sœurs.   d. Ma sœur cadette s'appelle Mélanie.
e. Ma sœur aînée s'appelle Léa.   f. Mélanie a onze ans.   g. Léa a treize ans.   h. Moi, j'ai douze ans.

10. Translate the sentences you hear into English

(a) Je m'appelle Robert.   **(b)** J'ai quatorze ans.   **(c)** J'ai un frère aîné et un frère cadet.
(d) Mon frère aîné s'appelle Émilien.   **(e)** Mon frère cadet s'appelle Éric.   **(f)** Emilien a quinze ans.
(g) Éric a douze ans.   **(h)** Et toi, comment tu t'appelles?   **(i)** Quel âge as-tu?

11. Narrow listening: gap-fill

Je m'appelle **Anthony**. je suis de Quimper, en **France**. Dans ma famille, il y a cinq personnes: **ma** mère, mon père, mes **deux** frères et moi. Mon frère **aîné** s'appelle Michel et mon frère **cadet** s'appelle Paul. Michel a **quinze** ans et mon frère Paul a **six** ans. Et toi, comment tu t'**appelles**? Quel âge as-tu?

12. Narrow listening: gapped translation

Je m'appelle **Sylvie**. Je suis de **Marseille** en France. Dans ma famille, il y a **cinq** personnes: ma mère, mon père, mon frère **cadet**, mon frère **aîné** et moi.

Mon frère **aîné** s'appelle **Sébastien**. Il a **quatorze** ans.
Mon frère **cadet** s'appelle Anthony. Il a **sept** ans. Et toi, **comment tu t'appelles? Quel âge as-tu? Combien de frères et sœurs as-tu?**

ANSWERS: Unit 1 – Talking about my age

Unit 1. Talking about my age: LISTENING

1. Fill in the blanks

a. Je m'**appelle** Alexandre.   b. J'ai **quinze** ans.   c. J'ai **deux** frères.   d. **Mon** frère aîné s'**appelle** Robert.   e. Mon **frère** cadet s'appelle Julien.   f. Comment tu **t'**appelles?   g. Quel **âge** as-tu?

2. Break the flow (draw a line between each word)

a. Je m'appelle Anthony et j'ai douze ans.　　e. Quel âge as-tu?
b. J'ai quinze ans.　　f. Mon frère s'appelle Philippe.
c. Mon frère s'appelle Pierre.　　g. Comment tu t'appelles?
d. Ma sœur s'appelle Anne.

3. Arrange in the correct order

Je m'appelle Paul. J'ai treize ans. J'ai un frère et une sœur. Mon frère s'appelle Fernand. Ma sœur s'appelle Anne. Fernand a dix-sept ans. Anne a quinze ans.

4. Spot the differences and correct the text

a. Je m'appelle **Marina**.　　b. J'ai **douze** ans.　　c. J'ai deux **frères**.　　d. Mon frère aîné s'appelle **Paul**.
e. Mon frère **cadet** s'appelle Robert.　　f. Paul a **quinze** ans.　　g. Robert a **neuf** ans.　　h. Quel âge **as-tu?**

5. Complete with the missing letters

a. Je **M**'appelle Pierre　　b. Je suis d**U** Pays Basque.　　c. J'ai quin**Z**e ans.
d. Je n'ai p**A**s de frère.　　e. Mais j'ai un**E** sœur.　　f. Ma sœur **S**'appelle Anne.
g. Alice a do**U**ze a**N**s.　　h. Et toi, comment tu **T**'appelles?　　i. Quel âge as-t**U**?

6. Spot the missing words and write them in

a. **(Bonjour)**, je m'appelle Pierre.　　b. Je viens **(de)** France.　　c. J'ai treize **(ans)**.
d. J'ai un frère **(et)** une sœur.　　e. Mon frère **(s')** appelle Robert.
f. **(Ma)** sœur s'appelle Isabelle.　　g. Robert **(a)** quatorze ans.

7. Listen, spot and correct the errors

a. J'**ai** quatorze ans.　　b. Je **m'**appelle Charles.　　c. Mon frère s'appelle **Paul**.
d. J'ai **deux** frères.　　e. J'ai **un** frère et une sœur.　　f. Quel âge **as-tu?**

8. Listen and fill in the grid

1. Marie　– Age: 12　Brothers: 2　Sisters: 0
2. Joël　– Age: 14　Brothers: 4　Sisters: 1
3. Paul　– Age: 8　Brothers: 1　Sisters: 1
4. Anne　– Age: 11　Brothers: 0　Sisters: 0
5. Émilie　– Age: 5　Brothers: 2　Sisters: 2
6. Mélanie – Age: 15　Brothers: 0　Sisters: 3

9. Faulty translation: spot the translation errors and correct them

a. My name is Émilie.　　b. I am French.　c. I have three sisters.
d. My younger sister is called Mélanie.　　e. My older sister is called Léa.
f. Mélanie is eleven.　　g. Léa is thirteen.　　h. I am twelve.

10. Translate the sentences you hear into English

a. My name is Robert　b. I am 14　c. I have an older brother and a younger brother
d. My older brother is called Émilien　e. My younger brother is called Éric　f. Émilien is 15
g. Éric is 12　h. And you, what's your name?　i. How old are you?

11. Narrow listening: gap-fill

Je m'appelle **Anthony**. Je suis de Quimper, en **France**. Dans ma famille, il y a cinq personnes: **ma** mère, mon père, mes **deux** frères et moi. Mon frère **aîné** s'appelle Michel et mon frère **cadet** s'appelle Paul. Michel a **quinze** ans et mon frère Paul a **six** ans. Et toi, comment tu t'**appelles**? Quel âge as-tu?

12. Narrow listening: gapped translation

Je m'appelle **Sylvie**. Je suis de **Marseille** en France. Dans ma famille, il y a **cinq** personnes: ma mère, mon père, mon frère **cadet**, mon frère **aîné** et moi.

Mon frère **aîné** s'appelle **Sébastien**. Il a **quatorze** ans.

Mon frère **cadet** s'appelle Anthony. Il a **sept** ans. Et toi, **comment tu t'appelles? Quel âge as-tu? Combien de frères et sœurs as-tu?**

Unit 1. Talking about my age: VOCABULARY BUILDING

1. Match

un an – one year   **deux ans** – two years   **trois ans** – three years   **quatre ans** – four years
cinq ans – five years   **six ans** – six years   **sept ans** – seven years   **huit ans** – eight years
neuf ans – nine years   **dix ans** – ten years   **onze ans** – eleven years   **douze ans** – twelve years

2. Complete with the missing word

a. J'ai **quatorze** ans   b. Mon frère **s'**appelle Frédéric c. Je m'**appelle** Denis
d. Mon frère **a** deux ans   e. Ma sœur a **quatre** ans   f. **Je** m'appelle Anne.

3. Translate into English

a. I'm three years old   b. I'm five years old   c. I'm eleven years old   d. He is fifteen years old
e. She is thirteen years old   f. He is seven years old   g. My brother   h. My sister   i. She is called

4. Broken words

a. J'**ai**   b. Je m'ap**pelle**   c. Ma s**œur**   d. Qui**nze**   e. Se**ize**   f. On**ze**   g. N**euf**   h. Quat**orze**   i. Do**uze**

5. Rank the people below from oldest to youngest

1, 2, 7, 5, 8, 4, 3, 6

6. For each pair of people write who is the oldest, as shown in the example

B – B – B – A – A – B – A

Unit 1. Talking about my age: READING

1. Find the French for the following items in Nico's text

a. Je suis argentin   b. Je m'appelle   c. La capitale   d. À Buenos Aires   e. Qui s'appelle Antonio   f. J'ai douze ans
g. Quatorze

2. Answer the following questions about Ramón

a. From Spain   b. He is ten years old   c. 2   d. Barbara – 5 and Paco - 9

3. Complete the table below

Marco: age 13,   Italian,   1 brother,   age 15; 1 sister, age 10
Nico: age 12,   Argentinian,   1 brother,   age 14; 1 sister, age 7
Ramon: age 10,   Spanish,   1 brother,   age 9; 1 sister, age 5

4. Hans, Kaori, Marco or Marine?

a. Hans   b. Marine   c. Marine's sister   d. Hans   e. Hans/Marco

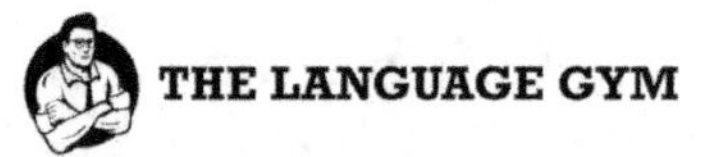

Unit 1. Talking about my age: TRANSLATION

1. Faulty translation: spot and correct (in the English) any translation mistakes you find below

a. **My** name is Patricia   b. I have two **sisters**   c. My **sister** is called Martine   d. My **brother** is 5   e. I am **fifteen**
f. My brother is **eight**. g. I don't have **a brother**   h. I am **16**   i. I am **12**   j. **His** name is Jean

2. Translate into English

a. My brother is called Jean   b. I am fifteen years old   c. My brother is six   d. My sister is called Mariana
e. I am seven years old   f. I live in Paris   g. My sister is fourteen years old   h. I have a brother and a sister
i. Marie is twelve   j. Anne is nine

3. Translate into French

a. Je m'appelle Paul. J'ai six ans.   b. Mon frère a quinze ans.   c. J'ai douze ans.
d. Ma sœur s'appelle Anne.   e. J'ai quatorze ans.   f. J'ai un frère et une sœur.
g. Je m'appelle Philippe et j'ai quatorze ans.   h. Je m'appelle Gabriel et j'ai onze ans.
i. Je m'appelle Cédric. J'ai dix ans. J'ai un frère et une sœur.   j. Ma sœur s'appelle Léa. Elle a douze ans.
k. J'ai treize ans.   l. Mon frère s'appelle Tanguy et il a seize ans.   m. Je m'appelle Pierre et j'ai deux sœurs.

Unit 1. Talking about my age: WRITING

1. Complete the words

a. Je m'a**ppelle** Paul   b. J'**ai** quato**rze** a**ns**   c. J'ai un**e** sœur   d. M**on** frère s'a**ppell**e Julien
e. Je m'**appe**lle Patrice   f. Mon fr**ère** s'**appe**lle Denis   g. J'ai tr**eize** ans   h. Ma sœur s'**appelle** Anne

2. Write out the number in French

a. nine – n**euf**   b. seven – s**ept**   c. twelve – d**ouze**   d. five – **cinq**   e. fourteen – **q**uatorze   f. sixteen – s**eize**
g. thirteen – t**reize**   h. four – q**uatre**

3. Spot and correct the spelling mistakes

a. Je m'appell**e** Paul   b. J'ai treize ans   c. Mon frère **a** cinq ans   d. Ma s**œu**r s'appelle Marie
e. J**e** m'appelle Patrice   f. Ma sœur s'appell**e** Alexandra

4. Complete with a suitable word

a. Ma sœur s'**appelle** Laura   b. **Mon** frère a quinze ans   c. Je **m'appelle** Marc
d. J'ai un **ami** qui s'appelle Philippe   e. J'ai une **amie** qui s'appelle Anne
f. Mon frère **a** quatorze ans

5. Guided writing

Samuel: Je m'appelle Samuel. J'ai douze ans. J'habite à Buenos Aires. Je suis argentin. Mon frère s'appelle
Gonzalo et il a neuf ans. Ma sœur s'appelle Anna et elle a huit ans.
Rebeca: Je m'appelle Rebeca. J'ai quinze ans. J'habite à Madrid. Je suis espagnole. Mon frère s'appelle Jaime et il
a treize ans. Ma sœur s'appelle Valentina et elle a cinq ans.
Michael: Je m'appelle Michael et j'ai onze ans. J'habite à Berlin et je suis allemand. Mon frère s'appelle Thomas
et il a sept ans. Ma sœur s'appelle Gerda et elle a douze ans.
Kyoko: Je m'appelle Kyoko. J'ai dix ans. J'habite à Osaka et je suis japonaise. Mon frère s'appelle Ken et il a six
ans. Ma sœur s'appelle Rena et elle a un an.

6. Describe this person in the third person

Il s'appelle Georges. Il a douze ans. Il habite à Toulouse. Son frère s'appelle Marc et il a treize ans. Sa sœur
s'appelle Sophie et elle a quinze ans.

TERM 1 – BRINGING IT ALL TOGETHER – 1

1. Jean ou Marie ?

a. Jean   b. Marie   c. Marie   d. Jean   e. Jean   f. Marie   g. Marie   h. Jean

2. Complete with a suitable word

a. Salut, comment tu t'**appelles**?b. D'où **es**-tu?   c. Comment **ça** va aujourd'hui?   d. J'ai une **grande/petite** famille e. J'ai un **frère**   f. Comment s'**appellent**-ils?   g. Quel âge **ont**-ils?   h. Mon **frère** cadet s'appelle Louis i. Mon frère aîné s'**appelle** Charles.   j. Ma sœur **a** huit ans.   k. Je suis un peu **fatigué/stressé** l. Je vais **très** bien, merci

3. Translate

a. Comment tu t'appelles?   b. D'où es-tu?   c. Comment ça va aujourd'hui? d. J'ai une grande famille e. J'ai une sœur f. Comment s'appellent-ils?   g. Quel âge ont-ils?   h. Ma sœur a dix ans   i. Enchanté j. De même

TRANSCRIPTS: Unit 2 – Saying when my birthday is

1. Fill in the blanks

a. Je m'appelle Alexandre et mon anniversaire est le quinze mai.
b. Je m'appelle Pierre et mon anniversaire est le deux mars.
c. Je m'appelle Martine et mon anniversaire est le trois juin.
d. Je suis Léo et mon anniversaire est le six septembre.
e. Je m'appelle Paul et mon anniversaire est le vingt décembre.

2. Break the flow: draw a line between each word

a. Mon anniversaire est le treize octobre.   b. Mon anniversaire est le neuf mai.
c. Quelle est la date de ton anniversaire?   d. Mon anniversaire est le premier août
e. Mon anniversaire est le seize juillet.   f. Quelle est la date de son anniversaire?
g. Mon frère a quatorze ans.   h. Son anniversaire est le deux janvier

i. Quelle est la date de l'anniversaire de ton amie?

3. Listen and spot the differences

a. Je m'appelle Georges.   b. Je n'ai pas de sœurs.   c. Je suis fils unique.   d. Je viens de la Martinique.
e. Mais j'habite en Angleterre.   f. J'ai cinq ans.   g. Mon anniversaire est le quatorze juillet.
h. Ma meilleure amie, Louise, a treize ans.   i. Son anniversaire est le huit octobre.

4. Listen, spot and correct the errors

a. Mon anniversaire est le vingt juin.
b. Mon amie s'appelle Patricia. Elle a dix ans et son anniversaire est le quinze mai.
c. L'anniversaire de mon amie est le neuf avril.
d. Ma mère a trente-huit ans et son anniversaire est le trente novembre.
e. Mon ami s'appelle Robert. Son anniversaire est le quatorze octobre.

5. Listen and choose the option that you hear

1. Salut, je m'appelle Alex et je suis de la Réunion. J'ai 12 ans et mon anniversaire est le 3 juin.
2. Bonjour, je m'appelle Paul et je suis du Portugal. J'ai 15 ans et mon anniversaire est le 17 juillet.
3. Salut, je m'appelle Nina et je viens d'Espagne. J'ai 9 ans et mon anniversaire est le 12 novembre.
4. Salut, je m'appelle Dylan et je viens de Gibraltar. J'ai 5 ans et mon anniversaire est le 7 juin.
5. Bonjour, je m'appelle Michel et je suis d'Écosse. J'ai 16 ans et mon anniversaire est le 20 septembre.
6. Salut, je m'appelle Martine et je suis de la Martinique. J'ai 14 ans et mon anniversaire est le 14 décembre.

6. Narrow listening: gap-fill

Salut, je m'appelle Sylvie et je suis de Biarritz, en France. J'ai 14 ans. Mon anniversaire est le 30 mai, j'ai deux frères, Philippe et Gérard. Philippe a quatorze ans et son anniversaire est le vingt-et-un mars. Mon frère Gérard a seize ans et son anniversaire est le 20 juin. À la maison nous avons aussi un hamster. Il s'appelle Joli et a deux ans. Ma meilleure amie s'appelle Magalie. Elle a 15 ans. Son anniversaire est le 12 janvier.

7. Narrow listening: gapped translation

Je m'appelle Arielle. J'ai quatorze ans. Je suis de Valence, en France. Mon anniversaire est le seize juillet. J'ai un frère qui s'appelle Jérôme. Il a onze ans. Son anniversaire est le treize décembre. Ma meilleure amie s'appelle Anne. Elle a quinze ans et son anniversaire est le 10 mars. Ma cousine s'appelle Nicole. Elle a douze ans et son anniversaire est le premier avril. À la maison, nous avons un animal. C'est un serpent. Il s'appelle Cobra et a trois ans.

8. Listening slalom

(1) Exemple: Je m'appelle Andréa. Je suis de Calais. J'ai treize ans et mon anniversaire est le 16 juillet. J'ai une sœur. Son anniversaire est le premier janvier.
(2) Mon frère s'appelle Léon. Il est de Saint-Étienne. Il a quatorze ans. Son anniversaire est le 15 mars. Il a une petite amie. Son anniversaire est le sept octobre.
(3) Je m'appelle Alexandre. Je suis de Grenoble. J'ai vingt-et-un ans. Mon anniversaire est le 30 août. J'ai un hamster. Son anniversaire est le 2 septembre.
(4) Je m'appelle Gabrièle. Je suis de Bayonne. J'ai seize ans. Mon anniversaire est le 21 mai. J'ai un petit ami. Son anniversaire est le 12 mars.
(5) Je m'appelle Charles. Je suis de Valence. J'ai neuf ans. Mon anniversaire est le 23 juin. J'ai une petite amie. Son anniversaire est le 30 juin.

9. Faulty translation: spot the translation errors and correct them

Je m'appelle Marc et je suis de **France**. J'ai **12** ans. Mes parents s'appellent Alain et Marina. Ils ont **48** ans. L'anniversaire de ma mère est le 21 mars. L'anniversaire de mon père est le **14** août. J'ai deux **frères**, Raphaël et Anthony. Raphaël a 10 ans, et Anthony a **11** ans. L'anniversaire de Raphaël est le 11 **juin**. L'anniversaire d'Anthony est le **21** avril. A la maison, nous avons un animal: un **chat**. Il s'appelle Pacotille, et il a 1 an. J'ai une petite amie. Elle s'appelle Patricia. Elle a **13** ans. Son anniversaire est le 16 **novembre**.

ANSWERS: Unit 2 – Saying when my birthday is

Unit 2. Saying when my birthday is: LISTENING

1. Fill in the blanks

a. Je m'**appelle** Alexandre et mon anniversaire est **le** quinze **mai**.
b. **Je** m'appelle Pierre et **mon** anniversaire **est** le deux **mars**.
c. Je m'appelle **Martine** et mon anniversaire est **le** trois **juin**.
d. **Je** suis Léo et mon anniversaire est le **six septembre**.
e. **Je** m'**appelle** Paul et mon anniversaire **est** le **vingt** décembre.

2. Break the flow: draw a line between each word

a. Mon anniversaire est le treize octobre.
b. Mon anniversaire est le neuf mai.
c. Quelle est la date de ton anniversaire?
d. Mon anniversaire est le premier août
e. Mon anniversaire est le seize juillet.
f. Quelle est la date de son anniversaire?
g. Mon frère a quatorze ans.
h. Son anniversaire est le deux janvier
i. Quelle est la date de l'anniversaire de ton amie?

3. Listen and spot the differences

a. Je m'appelle **Georges**.   b. Je n'ai pas de **sœurs**.   c. Je suis **fils** unique.   d. Je viens de la **Martinique**.
e. Mais j'habite en **Angleterre**.   f. J'ai **cinq** ans.   g. Mon anniversaire est le quatorze **juillet**.
h. Ma **meilleure** amie, Louise, a treize ans.   i. Son anniversaire est le **huit** octobre.

4. Listen, spot and correct the errors

a. Mon anniversaire **est** le vingt juin.

b. Mon amie s'appelle Patricia. **Elle** a dix ans et son anniversaire est le quinze mai.

c. L'anniversaire de mon amie est **le** neuf avril.

d. Ma mère **a** trente-huit ans et son **anniversaire** est le trente novembre.

e. Mon ami **s'**appelle Robert. Son anniversaire est le quatorze **octobre**.

5. Listen and choose the option that you hear

1. Alex – Âge: 12	Anniversaire: 3 juin	2. Paul – Âge: 15	Anniversaire: 17 juillet
3. Nina – Âge: 9	Anniversaire: 12 novembre	4. Dylan – Âge: 5	Anniversaire: 7 juin
5. Michel – Âge: 16	Anniversaire: 20 septembre	6. Martine – Âge: 14	Anniversaire: 14 décembre

6. Narrow listening: gap-fill

Salut, je m'appelle Sylvie et je **suis** de Biarritz, en France. J'ai **14** ans. Mon anniversaire est le **30** mai, j'ai deux frères, Philippe et Gérard. Philippe **a** quatorze ans et son anniversaire est le vingt-et-un **mars**. Mon frère Gérard a seize ans et **son** anniversaire est le **20** juin. À la **maison** nous avons aussi un hamster. Il s'**appelle** Joli et a deux ans. Ma meilleure **amie** s'appelle Magalie. Elle a **15** ans. Son anniversaire est le **12** janvier.

7. Narrow listening: gapped translation

My name is Arielle. I am **14** years old. I am from **Valence**, in **France**. My birthday is on 16th **July**.
I have a **brother** called **Jérôme**. He is **11** years old. **His** birthday is on **13**[th] December.
My best friend is called **Anne**. She is **15** years old and her birthday is on **10**[th] **March**.
My **cousin** is called Nicole. She is **12** years old and her birthday is on **1st April**.
At home we have a pet. It is a **snake**. Its name is **Cobra** and it is **3** years old.

8. Listening slalom

1. Example: Andréa: *My name is Andréa. I am from Calais. I am 13. My birthday is on 16th July. I have a sister. Her birthday is on 1st January.*

2. Léon: My brother is called Léon. He is from Saint-Etienne. He is 14. His birthday is on 15th March. He has a girlfriend. Her birthday is on 7th October.

3. Alexandre: My name is Alexandre. I am from Grenoble. I am 21. My birthday is on 30th August. I have a hamster. His birthday is on 2nd September.

4. Gabrièle: My name is Gabrièle. I am from Bayonne. I am 16. My birthday is on 21st May. I have a boyfriend. His birthday is on 12th March.

5. Charles: My name is Charles. I am from Valence. I am 9. My birthday is on 23rd June. I have a girlfriend. Her birthday is on 30th June.

9. Faulty translation: spot the translation errors and correct them

My name is Marc, I am from **France**. I am **12** years old. My parents are called Alain and Marina. They are **48** years old. My mother's birthday is on 21st March. My father's birthday is on **14**[th] August. I have two **brothers**, Raphaël and Anthony. Raphaël is 10 years old and Anthony is **11**. Raphaël's birthday is on 11th **June**. Anthony's birthday in on **21**[st] April. At home we have a pet, a **cat**. Its name is Pacotille and it is one year old. I have a girlfriend. Her name is Patricia. She is **13**. Her birthday is on 16th **November**.

Unit 2. Saying when my birthday is: VOCABULARY BUILDING

1. Complete with the missing word

a. Je m'**appelle** Gustave b. Mon **amie** s'appelle Marie c. **Mon** ami s'appelle Julien d. Mon **anniversaire** est le
e. Le **cinq** mai f. Le **dix-huit** novembre g. Le quatre **juillet** h. **Son** anniversaire est le …

2. Match

avril – April **novembre** – November **décembre** – December **mai** – May **janvier** – January
février – February **mon anniversaire** – my birthday **mon ami** – my friend (*m*) **mon amie** – my friend (*f*)
je m'appelle – I am called **il/elle s'appelle** – he/she is called **août** - August

3. Translate into English

a.14th January   b. 8th May   c. 7th February   d. 20th March   e. 19th August   f. 25th July   g. 24th September
h. 15th April

4. Add the missing letter

a. anniversaire   b. février   c. mars   d. mai   e. avril   f. juin   g. janvier   h. août   i. juillet   j. novembre
k. décembre   l. septembre

5. Broken words

a. Le trois janvier.   b. Le cinq juillet   c. Le neuf août   d. Le douze mars   e. Le seize avril
f. Le dix-neuf décembre   g. Le vingt octobre   h. Le vingt-quatre mai   i. Le trente septembre

6. Complete with a suitable word

a. Je suis/m'appelle Ronan   b. Mon anniversaire est le onze mai   c. J'ai neuf ans
d. Mon ami/frère s'appelle Gian   e. Gian a dix ans   f. Son anniversaire est le trois juin
g. Mon anniversaire est le dix-huit juillet   h. Mon ami s'appelle Dylan   i. Son anniversaire est le quatre août
j. Le huit novembre   k. Je m'appelle Gustave Eiffel

Unit 2. Saying when my birthday is: READING

1. Find the French for the following items in Rodrigue's text

a. Je m'appelle   b. J'ai douze ans   c. J'habite en Martinique   d. Mon anniversaire est   e. Le douze
f. Son anniversaire est   g. Pendant mon temps libre   h. Mon amie   i. s'appelle   j. Elle a trente-cinq ans
k. le vingt-et-un juin   l. A un frère aîné   m. Le huit janvier

2. Complete with the missing words

Je m'appelle Anne. J'ai treize ans et j'habite à Paris, en France. Mon anniversaire est le vingt-neuf décembre.
Mon frère a neuf ans et son anniversaire est le premier avril.

3. Answer the following questions about Mélanie' text

a. 7   b. In La Réunion   c. 5th December   d. Two brothers   e. Jules   f. 13   g. 5th January

4. Find someone who...

a. Mélanie   b. Serge   c. Anthony   d. Rodrigue   e. Rodrigue   f. Mélanie's brother   g. Anthony   h. Mélanie
i. Serge / Anthony

Unit 2. Saying when my birthday is: WRITING

1. Complete with the missing letters

a. Je m'appelle Paul   b. Je suis de Brest   c. Mon anniversaire, c'est le quinze juin   d. J'ai quatorze ans.
e. Mon amie s'appelle Catherine   f. Catherine est de Marseille   g. Mon ami Michel est de Saint-Étienne
h. Michel a onze ans

2. Spot and correct the spelling mistakes

a. Mon anniversaire c'est le quatre janvier   b. Je m'appelle Paul   c. Je suis de Brest   d. Mon amie s'appelle
Catherine   e. Catherine a onze ans   f. J'ai quatorze ans   g. Mon anniversaire, c'est le quatre mars
h. J'ai quinze ans.   i. Je m'appelle Denis

3. Answer the questions in French (personal answers)

a. Je m'appelle Anne   b. J'ai dix ans   c. Mon anniversaire est le douze juin   d. J'ai un frère   e. Il a neuf ans
f. Son anniversaire est le cinq janvier

4. Write out the dates below in words as shown in the example

e.g. le quinze mai   a. le dix juin   b. le vingt mars   c. le dix-neuf février
d. le vingt-cinq décembre   e. le premier janvier f. le vingt-deux novembre   g. le onze février

5. Guided writing

Samuel: Je m'appelle Samuel et j'habite à Sospel. J'ai onze ans et mon anniversaire est le vingt-cinq décembre. Mon frère s'appelle Jules et son anniversaire est le dix-neuf février.

Alex: Je m'appelle Alex et j'habite à Bordeaux. J'ai quatorze ans et mon anniversaire est le vingt-et-un juillet. Mon frère s'appelle Philippe et son anniversaire est le vingt-et-un avril.

André: Je m'appelle André et j'habite à Grasse. J'ai douze ans et mon anniversaire est le premier janvier. Mon frère s'appelle Julien et son anniversaire est le vingt juin.

Charles: Je m'appelle Charles et j'habite à Morzine. J'ai seize ans et mon anniversaire est le deux novembre. Mon frère s'appelle Michel et son anniversaire est le douze octobre.

6. Describe this person in the third person

Il s'appelle Jean-Marc et il a douze ans. Il habite à Albertville et son anniversaire est le vingt-et-un juin. Son frère s'appelle Jean et il a seize ans. Son anniversaire est le premier décembre.

Unit 2. Saying when my birthday is: TRANSLATION

1. Faulty translation: spot and correct (in the English) any translation mistakes you find below

a. ~~his~~ **My** birthday is on the 28th April   b. ~~your~~ **My** name is Candide and ~~you are~~ **I am** from France
c. I am **23** years old   d. My friend ~~I am~~ **is** called Jean   e. ~~I have~~ **He is** 26 years old
f. ~~my~~ **His** birthday is the ~~1~~ **4**th April

2. Translate into English

a. 18th October   b. My birthday is on   c. My friend (*m*) is called   d. His birthday is on   e. 11th January
f. 14th February   g. 25th December   h. 8th July   i. 1st June

3. Phrase-level translation

a. Je m'appelle Anne   b. J'ai dix ans   c. Mon anniversaire est le douze juin   d. ...le sept mai   e. Mon amie s'appelle Béatrice   f. Elle a douze ans   g. Son anniversaire est le   h. le vingt-trois août   i. le vingt-neuf avril

4. Sentence-level translation

a. Je m'appelle Claude. J'ai trente ans. J'habite en France. Mon anniversaire est le onze mars.

b. Mon frère s'appelle Pierre. Il a quatorze ans. Son anniversaire est le dix-huit août.

c. Mon ami s'appelle Jean. Il a vingt-deux ans et son anniversaire est le quatorze janvier.

d. Mon amie s'appelle Anne. Elle a dix-huit ans et son anniversaire est le vingt-cinq juillet.

e. Mon ami s'appelle Anthony. Il a vingt ans. Son anniversaire est le vingt-quatre septembre.

TERM 1 – BRINGING IT ALL TOGETHER – 2

1. Complete with the missing details

a. Anne is from **Paris**, whilst Pierre is from **Bordeaux**   f. Pierre's birthday is on **18th July**
b. Anne is feeling a bit **tired**   g. Louis is Anne's **brother**
c. Anne is **14** years old, whilst Pierre is **13**   h. Patricia's birthday is on **24th March**
d. Anne has an older **brother** and a younger **sister**   i. **Louis'** birthday is on 13th January
e. Anne's birthday is on **18th July**

2. Find someone...

a. Louis   b. Anne   c. Anne   d. Anne   e. Pierre   f. Anne and Pierre   g. Patricia   h. Anne   i. Anne and Pierre
j. Pierre   k. Pierre

3. Find the French equivalent in the text and write it in the spaces provided

a. Je m'appelle
b. Je suis de
c. J'ai treize ans
d. Quelle est la date de ton anniversaire?
e. Je dois y aller
f. L'anniversaire de Louis

g. Le vingt-quatre mars
h. Ton frère Louis
i. Au fait
j. Mon anniversaire est
k. Merci de me demander
l. Ils s'appellent

4. Find in the text French words that look/sound like the English words below

a. Enchanté   b. Pologne   c. Stressée   d. Génial   e. janvier   f. Âge   g. Anniversaire   h. Favori   i. Merci
j. Numéro

5. Translate into English

a. Where are you from?   b. I'm from Avignon   c. I'm a bit stressed   d. I'm 12   e. I have two older brothers
f. They are called Sébastien and Stéphane   g. I have an older brother and a younger sister

6. The sentences below have been copied incorrectly. Can you fix them?

a. J'ai douze ans   b. Mes frères s'appellent   c. J'ai deux **frères aînés**
d. Quelle est la date de ton anniversaire?   e. Mon anniversaire est le onze janvier   f. Je dois y aller
g. Quel âge as-tu ?

7. Match questions and answers

Comment tu t'appelles ? - Romain   **Tu as des frères et sœurs ?** - Oui, j'en ai deux

D'où es-tu ? - Je suis de Pologne.   **Quelle est la date de ton anniversaire ?** - Le onze janvier.

Comment ça va ? - Je vais bien, merci.   **Quel est ton numéro favori ?** - Le numéro onze.

TRANSCRIPTS: Unit 3 – Saying where I live and am from

1. Fill in the blanks

1. Salut. Je m'**appelle** David. J'habite dans une très grande **maison** en centre-**ville**.
2. Bonjour. Je m'appelle Chloé. Je **suis** de Paris. Je **vis** dans un petit appartement dans la **banlieue**.
3. Comment ça va? Je m'appelle Marie. Je suis **de** Calais. Je vis dans un joli **appartement** sur la côte.
4. Salut. Je m'appelle **Pierre**. Je suis de Nouméa, en **Nouvelle-Calédonie**. J'habite dans une très **petite** maison à la montagne.
5. **Bonjour**. Je m'appelle Daniel, j'habite à Bruxelles, en **Belgique**. Je vis dans un bâtiment **ancien** dans le centre de Bruxelles.
6. **Salut**. Je m'appelle Béatrice. J'habite dans **une** grande maison, mais elle est un peu **moche**.

2. Multiple choice quiz: select the correct location

1. Xavier habite à Valence.   2. Samuel habite à Calais.   3. Jean-Paul vit à Limoges.
4. Pascal habite à Quimper.   5. Céline vit à Paris.   6. Aurélie habite à Marseille.
7. Gabrièle habite à Nice.   8. Patrice vit à Marmande.   9. Emmanuel habite à Biarritz.

3. Spot the intruders: identify the words the speaker is NOT saying

Salut. Je m'appelle Julien. J'ai **(âge)** quatorze ans et j'habite **(dans)** à Dakar, **(le)** la capitale du Sénégal. Dans ma famille, **(nous sommes)** il y a quatre personnes: mes parents, **(ma sœur)**, mon frère et moi. Mon frère **(qui)** s'appelle Benjamin. J'habite dans une **(la)** petite maison dans le centre de Dakar. Ma maison est **(très)** jolie.

4. Geographical mistakes: listen and correct

1. Je m'appelle Nina. Je suis de Brest. Brest est en ~~Dordogne~~ **Bretagne**.

2. Je m'appelle Pierre. Je suis de Dakar. Dakar est au ~~Portugal~~ **Sénégal**.

3. Je m'appelle Clémence. Je suis de Libreville. Libreville est ~~à Madagascar~~ **au Gabon**.

4. Je m'appelle Jean. Je suis de Montréal. Montréal est au ~~Mali~~ **Québec**.

5. Je m'appelle Julie. Je suis de Casablanca. Casablanca est au ~~Canada~~ **Maroc**.

6. Je m'appelle Aurélie. Je suis de Nice. Nice est en ~~Alsace~~ **Provence**.

5. Spelling challenge: which place names are being spelled out?

1. NICE 2. BREST 3. LIBREVILLE 4. MONTRÉAL 5. MARMANDE 6. DAKAR 7. BAYONNE

6. Faulty translation: spot the translation errors and correct them

Je m'appelle Marie. Je suis de **La Réunion**, mais je vis en France. J'ai douze ans.

J'habite en Bretagne, une région du **nord-ouest** de la France.

J'ai les cheveux **roux** et les yeux **marron**. Mes cheveux sont longs et **raides**.

Je vis dans un petit appartement **dans la banlieue** de Rennes avec ma mère, Éliane, et mes deux **sœurs**, Sylvie et Pauline.

Mon appartement est dans un bâtiment **moderne**. Il est **moche**.

Mon père habite dans une **grande** maison sur la **côte**. Sa maison est **jolie** et moderne.

7. Spot the missing words and write them in

1. J'habite **à** Nouméa, la capitale **de** la Nouvelle-Calédonie. Nouméa est une **très** belle ville. Je vis dans un **petit** appartement dans un bâtiment moderne **en** centre-ville.

2. J'habite avec ma famille à Cannes, une ville touristique dans le sud **de** la France. Je vis dans **une** maison moderne dans la banlieue de **la** ville.

3. J'habite à Saint-Denis, la capitale de La Réunion. Je vis avec ma famille et **mon** chien. J'habite dans un grand appartement, **mais** il est moche et dans un bâtiment **ancien**.

4. Je vis à Valence, **en** France. J'habite **dans** une **très** grande maison moderne sur la côte.

8. Narrow listening: gapped translation

Je m'appelle Julien. J'ai **17** ans et mon anniversaire est le **30** août. Je **vis** à Biarritz, dans le Pays Basque, dans le **sud-ouest** de la France. J'habite dans une **vieille** maison dans la **banlieue**. J'ai deux **sœurs**, Marie et Sylvie. Marie est très **jolie,** mais un peu bête. Sylvie est un peu **moche,** mais très **intelligente** et marrante. Mon ami Romain **habite** à Bordeaux, mais il est de Biarritz comme **moi**. Il vit dans un **bâtiment** moderne en **centre-ville**. Il a un grand chien qui s'appelle **Roi**. Il habite dans un grand et **joli** appartement.

9. Listening slalom: follow the speaker from top to bottom and number the boxes accordingly

(1) Je vis au Gabon, près de Libreville. J'ai 15 ans et j'habite dans un petit appartement dans un bâtiment moderne. Mon appartement est moche, mais très grand.

(2) Je suis de Suisse et je vis près de Genève. J'ai 12 ans et j'habite dans une petite maison près d'un lac. Ma maison est moderne.

(3) Je suis de Belgique et je vis à Bruxelles. J'ai 16 ans et j'habite dans un appartement dans un bâtiment ancien. Mon appartement est confortable et joli.

(4) Je suis du Maroc et je vis à Marrakesh. J'ai 13 ans et j'habite dans une très petite maison en centre-ville. Ma maison est jolie et spacieuse.

(5) Je suis de France et je vis à Cannes. J'ai 14 ans et j'habite dans une grande maison sur la côte. J'aime ma maison car elle est grande.

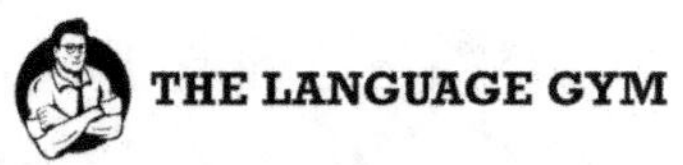

ANSWERS: Unit 3 – Saying where I live and am from

Unit 3. Saying where I live and am from: LISTENING

1. Fill in the blanks

1. Salut. Je m'**appelle** David. J'habite dans une très grande **maison** en centre-**ville**.
2. Bonjour. Je m'appelle Chloé. Je **suis** de Paris. Je **vis** dans un petit appartement dans la **banlieue**.
3. Comment ça va? Je **m'**appelle Marie. Je suis **de** Calais. Je vis dans un joli **appartement** sur la côte.
4. Salut. Je m'appelle **Pierre**. Je suis de Nouméa, en **Nouvelle-Calédonie**. J'habite dans une très **petite** maison à la montagne.
5. **Bonjour**. Je m'appelle Daniel, j'habite à Bruxelles, en **Belgique**. Je vis dans un bâtiment **ancien** dans le centre de Bruxelles.
6. **Salut**. Je m'appelle Béatrice. J'habite dans **une** grande maison, mais elle est un peu **moche**.

2. Multiple choice quiz: select the correct location

1. Valence   2. Calais   3. Limoges   4. Quimper   5. Paris   6. Marseille   7. Nice   8. Marmande   9. Biarritz

3. Spot the intruders: identify the words the speaker is NOT saying

Salut. Je m'appelle Julien. J'ai (~~âge~~) quatorze ans et j'habite (~~dans~~) à Dakar, (~~le~~) la capitale du Sénégal. Dans ma famille, (~~nous sommes~~) il y a quatre personnes: mes parents, (~~ma sœur~~), mon frère et moi. Mon frère (~~qui~~) s'appelle Benjamin. J'habite dans une (~~la~~) petite maison dans le centre de Dakar. Ma maison est (~~très~~) jolie.

4. Geographical mistakes: listen and correct

1. Brest est en ~~Dordogne~~ **Bretagne**
2. Dakar est au ~~Portugal~~ **Sénégal**.
3. Libreville est ~~à Madagascar~~ **au Gabon**
4. Montréal est au ~~Mali~~ **Québec**
5. Casablanca est au ~~Canada~~ **Maroc**
6. Je suis de Nice. Nice est en ~~Alsace~~ **Provence**

5. Spelling challenge: which place names are being spelled out?

1. NICE   2. BREST   3. LIBREVILLE   4. MONTRÉAL   5. MARMANDE   6. DAKAR   7. BAYONNE

6. Faulty translation: spot the translation errors and correct them

My name is Marie. I am from **Réunion**, but I live in France. I am twelve. I live in Bretagne, a region in the **north west** of France.

I have **red** hair and **brown** eyes. My hair is long and **straight**.

I live in a small flat **on the outskirts** of Rennes with my mother, Éline and my two **sisters**, Sylvie and Pauline. My flat is in a **modern** building. It is **ugly**. My father lives in a **big** house on the **coast**. His house is **pretty** and modern.

7. Spot the missing words and write them in

a. J'habite **à** Nouméa, la capitale **de** la Nouvelle-Calédonie. Nouméa est une **très** belle ville. Je vis dans un **petit** appartement dans un bâtiment moderne **en** centre-ville.

b. J'habite avec ma famille à Cannes, une ville touristique dans le sud **de** la France. Je vis dans **une** maison moderne dans la banlieue de **la** ville.

c. J'habite à Saint-Denis, la capitale de La Réunion. Je vis avec ma famille et **mon** chien. J'habite dans un grand appartement, **mais** il est moche et dans un bâtiment **ancien**.

d. Je vis à Valence, **en** France. J'habite **dans** une **très** grande maison moderne sur la côte.

8. Narrow listening: gapped translation

My name is Julien. I am **17** years old and my birthday is on **30ᵗʰ** August. I **live** in Biarritz, in the Basque Country, in the **south west** of France. I live in an **old** house on the **outskirts**. I have two **sisters**, Marie and Sylvie. Marie is very **pretty** but a bit silly. Sylvie is a bit **ugly** but very **intelligent** and funny. My friend Romain **lives** in Bordeaux but he is from Biarritz like **me**. He lives in a modern **building** in the **centre**. He has a big dog called **Roi**. He lives in a big and **beautiful** flat.

9. Listening slalom: follow the speaker from top to bottom and number the boxes accordingly

1. I live in Gabon, near Libreville. I'm 15 and I live in a small flat in a modern building. My flat is ugly, but very big.
2. I am from Switzerland and I live near Geneva. I'm 12 years old and I live in a small house near a lake. My house is modern.
3. I am from Belgium and I live in Brussels. I'm 16 and I live in a flat in an old building. My flat is cosy and beautiful.
4. I am from Morocco and I live in Marrakesh. I'm 13 and I live in a very small house in the city centre. My house is pretty and spacious.
5. I am from France and I live in Cannes. I'm 14 and I live in a big house on the coast. I like my house because it's big.

Unit 3. Saying where I live and am from: VOCAB BUILDING

1. Complete with the missing word

a. J'habite dans **une** jolie maison b. J'aime mon **appartement** c. Je suis **de** Paris d. **J'habite** dans une petite maison   e. Un appartement dans un **bâtiment** ancien f. **Je suis** de Saint-Martin, dans les Caraïbes   g. J'habite dans une très **petite** maison

2. Match

le centre – the centre   **jolie** – pretty   **grande** – big   **bâtiment** – building   **ancien** – old   **la banlieue** – the outskirts   **la côte** – the coast   **Maroc** – Morocco   **je suis de** – I am from   **belle** – beautiful   **petite** – small   **j'habite dans** – I live in

3. Translate into English

a. I am from Bordeaux   b. I live in a house   c. My flat is small   d. I am from Nice, in Provence   e. In a modern building f. I am from Rabat, the capital of Morocco   g. I live in a flat, on the coast of   h. I am from Nantes, in France

4. Add the missing letter(s)

a. Cas**a**blanca   b. Pari**s**   c. B**r**est   d. Libreville   e. M**o**ntréal   f. Noum**é**a   g. Bruxelles   h. Biarrit**z**
i. Strasbourg   j. F**o**rt-de-France

5. Broken words
a. Je **s**uis de **B**iarritz **d**ans le Pays Basque b. Je **v**is **d**ans une **g**rande **m**aison c. Je **s**uis de Paris, la **c**apitale de la France d. J'**h**abite **d**ans un **a**ppartement sur la côte en **B**retagne   e. Je **v**is **d**ans **u**ne **p**etite mais **j**olie **m**aison f. Je **s**uis de **B**ruxelles, et j'**h**abite **d**ans **u**n b**â**timent **a**ncien

6. Complete with a suitable word

a. Je suis **de** Brest b. Je vis **dans** une jolie maison   c. Dans un **bâtiment** ancien d. J'habite dans une maison dans la **campagne** e. Saint-Denis est la capitale de **La Réunion**   f. Je vis dans une **belle** maison   g. Je suis de **Toulouse** h. J'habite dans un appartement dans un bâtiment **ancien**

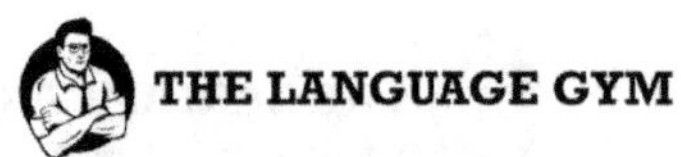

Unit 3. "Geography test". Match the numbers to the cities

France:

1 – **Brest**   2 – **Paris**   3 – **Biarritz**   4 – **Nantes**   5 – **Strasbourg**   6 – **Ajaccio**

Africa:

1 – **Niamey** (Niger)   2 – **Yamoussoukro** (Côte d'Ivoire)   3 – **Ouagadougou** (Burkina Faso)   4 – **Dakar** (Sénégal)   5 – **Libreville** (Gabon)   6 – **Brazzaville** (Congo)   7 – **Casablanca** (Morocco)   8 – **Bamako** (Mali) 9 – **Antananarivo** (Madagascar)

Unit 3. Saying where I live and am from: READING

1. Find the French for the following in Isabelle's text

a. Je m'appelle   b. j'ai vingt-et-un ans c. je vis   d. un grand appartement   e. dans la banlieue   f. le deux juin g. j'ai un chien   h. il est très grand   i. son anniversaire est le premier avril   j. il a trois ans   k. j'ai aussi une araignée

2. Complete the statements below based on Charles' text

a. I am **22** years old   b. My birthday is the **9th** of **August**   c. I live in a **pretty** house
d. My house is in the **centre** of town   e. I like Édouard but Renaud is **silly**   f. My friend Julien **lives** in Brest   g. He lives in an old **building**

3. Answer the questions on the four texts above

a. 15   b. Because they are twins   c. Charles   d. Isabelle   e. Because she celebrates both at the same time   f. Charles   g. Isabelle   h. Stéphanie/Isabelle   i. Marina

4. Correct any incorrect statements about Stéphanie's text

a. Stéphanie habite à Casablanca, sur la côte du Maroc. b. CORRECT c. Son anniversaire est en mai
d. L'anniversaire de Sarah est le trente mars e. Stéphanie habite dans une grande maison sur la côte. f. CORRECT

Unit 3. Saying where I live and am from: TRANSLATION/ WRITING

1. Translate into English

a. I live in   b. a house   c. a flat   d. pretty   e. big   f. in a building   g. old   h. modern   i. in the centre
j. on the outskirts   k. on the coast   l. I am from   m. in France   n. in Morocco   o. in New Caledonia

2. Gapped sentences

a. J'habite dans une belle **maison**   b. Un appartement dans un **bâtiment** neuf   c. J'habite dans un petit **appartement**   d. Une **maison** dans la **banlieue**   e. **Je suis de** Paris, la capitale de la France.

3. Complete the sentences with a suitable word

a. J'habite à **Dakar**, la capitale du Sénégal   b. Je suis de Nice, en **France**   c. J'habite dans un **grand/petit** appartement dans la **banlieue**   d. J'habite dans une jolie maison dans le **centre**   e. Je **suis** de Bruxelles, la **capitale** de la Belgique   f. Je vis dans un **appartement** moderne dans le centre

4. Phrase-level translation

a. J'habite b. Je viens de c. une maison d. un appartement e. nouveau f. petit g. dans un bâtiment ancien
h. dans le centre i. dans la banlieue j. sur la côte k. au pays Basque

5. Sentence-level translation

a. Je suis de Biarritz, au Pays Basque, en France. Je vis dans une grande et jolie maison dans la banlieue.
b. Je suis de Montréal, au Québec. J'habite un petit et joli appartement dans le centre.
c. Je suis de Saint-Denis, la capitale de l'île de la Réunion. J'habite dans un appartement dans un nouveau bâtiment sur la côte. Mon appartement est petit, mais beau.
d. Je suis de Casablanca, au Maroc. J'habite un appartement dans un vieux bâtiment dans la banlieue. J'aime mon appartement.

Unit 3. Saying where I live and am from: WRITING

1. Complete with the missing letters

1. Je m'appel**le** Paul   2. Je v**is** dans une jo**l**ie mai**son**   3. J**e** v**is** dans un gra**nd** ap**p**artement   4. J'**hab**ite dans une **ma**ison dans le cent**re**   5. Je s**uis** de Br**est** en Breta**gne**   6. Je s**uis** de Bruxelles en Belgi**que**   7. Je v**is** dans un pe**tit** appartemen**t** dans la banlie**ue**

2. Spot and correct the spelling mistakes

a. Je suis de B**r**est en Bretag**ne**.   b. Je vi**s** à Biarritz dans le Pa**y**s Basque   c. J'habite dans une petit**e** maison   d. Je vis dans un gra**nd** appartement   e. Je vis dans un ~~moderne~~ bâtiment **moderne**   f. Je vis en **Nouvelle** Calédonie   g. Je suis de **Casablanca** au Maroc

3. Answer the questions in French

a. Je m'appelle Julia   b. J'ai onze ans   c. Mon anniversaire est le huit août   d. Je suis de Clermont Ferrand

e. J'habite à Nice f. J'habite dans une maison

4. Anagrams: cities, regions of France and Francophones countries

a. Brest   b. Basque   c. Strasbourg   d. Québec   e. Maroc   f. Bretagne   g. Nice   h. Provence   i. Biarritz   j. Martinique

5. Guided writing

Samuel: Je m'appelle Samuel et j'ai douze ans. Mon anniversaire est le vingt juin. J'habite à Biarritz, au Pays Basque.

Alain: Je m'appelle Alain et j'ai quatorze ans. Mon anniversaire est le quatorze octobre. J'habite à Paris, en France.

André: Je m'appelle André et j'ai onze ans. Mon anniversaire est le quatorze janvier. J'habite à Brest, en Bretagne.

Charles: Je m'appelle Charles et j'ai treize ans. Mon anniversaire est le dix-sept novembre. J'habite à Dakar, au Sénégal.

Caroline: Je m'appelle Caroline et j'ai quinze ans. Mon anniversaire est le dix-neuf octobre. J'habite à Nice, en Provence.

6. Describe this person in the third person

Il s'appelle Alexandre et il a seize ans. Son anniversaire est le quinze mai. Il est de Montréal au Québec et il vit à Paris, en France.

TERM 1 – BRINGING IT ALL TOGETHER – 3

1. Find the French equivalent in the text

a. Je suis tahitien b. Aujourd'hui c. Je suis heureux d. J'ai une sœur e. Qui s'appelle f. (Elle) a
g. Elle est un peu triste h. Son anniversaire i. Dans un grand appartement j. Dans la banlieue
k. Grand et joli l. Une petite maison sur la côte

2. Complete the sentences based on Paul's text

a. My name is Paul. Today I am feeling **quite well**   e. Today Lionel is happy because it is his **birthday**
b. I am **happy** and relaxed   f. Paul lives in a big, **pretty** and modern flat
c. My sister is **5** years old   g. Sophie lives in a **small** house on the **coast**
d. Today Béatrice is feeling a bit **sad**   h. Charles lives in a modern **building**

3. Answer the questions below in English

a. Paul   b. Paul's best friend   c. Sophie   d. Sophie and Charles   e. Sophie's   f. Paul   g. Sophie

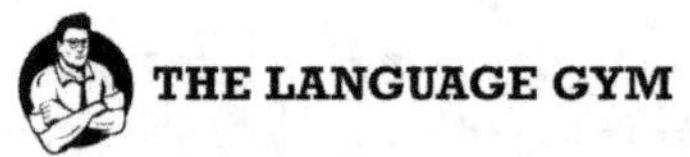

4. The second paragraph in Paul's text was copied incorrectly with EIGHT words missing. Can you spot them and add them in?

Mon anniversaire est **le** douze septembre. J'ai **une** sœur qui s'appelle Béatrice et un frère **qui** s'appelle Lionel. Béatrice **a** cinq ans et Lionel a neuf **ans**. Aujourd'hui, Béatrice **ne** va pas très bien, elle est **un** peu triste. Cependant (however), Lionel va très bien. Il est très heureux, car **c'est** son anniversaire.

5. Spot the 9 mistakes in the following translation of Olivier's first 2 paragraphs

My name is Olivier. I am from Quebec. I am **nine** years old and live in Montréal, the largest city in Quebec. Today I am **very** well. I am happy and very **relaxed**. My birthday is on 3rd August. I have a sister who is called Laure and a **cousin** called Félix. Laure is **eight** and Félix is **eleven**. Today Laure is not very well. She is very **stressed**. However, Félix is **great**. Today he is ~~very~~ **happy**.

6. Complete the following translation of paragraphs 3 and 4 in Olivier's text

My family and I live in a **big** and modern, but a bit ugly house, in the Latin quarter, near the **river** Saint-Laurent. I **like** my house because it is **near** the river.

My friend is called Sandra and she is **11** years old. Her **birthday** on **18th** April. She **also** lives near the **river**. Her house is very **small**, but very modern and **pretty**. Normally it is very **clean**. In her **free time** she **always** plays the violin.

7. Tick the words on the list below which are included in the text and translate them into English

a. **Aujourd'hui – Today**
b. **Son – His / Her**
c. Avec
d. **De – Of**
e. De plus
f. Depuis
g. **Toujours – Always**
h. Jamais
i. Parfois
j. **Aussi – Also**
k. J'adore
l. **Il joue – He plays**
m. Je joue
n. Non plus

8. Answer the following questions in French, as if you were Olivier. Note: you can use whole sections of the text, provided they are relevant

a. Je m'appelle Olivier.   b. Je suis du Québec.   c. Je vais très bien.   d. Mon cousin s'appelle Félix.
e. Laure ne va pas très bien, elle est stressée. f. Paul est mon meilleur ami.
g. Sandra habite dans une maison sur la côte.   h. Sa maison est très petite, mais très moderne et ~~très~~ jolie.
i. Paul a huit ans. j. Pendant son temps libre, Paul joue toujours au foot.

TERM 1 – MIDPOINT – RETRIEVAL PRACTICE

1. Answer the following questions in French – Students' own answers

2. Write a paragraph in the first person singular (I) providing the following details

Je m'appelle Fabien. Je suis italien mais je vis à Cannes, dans le sud de la France. J'ai onze ans et mon anniversaire est le vingt-neuf juillet. J'ai un frère aîné qui s'appelle Maurice et un frère cadet qui s'appelle Sylvain. Maurice a seize ans et Sylvain a huit ans. L'anniversaire de Maurice est le premier janvier et l'anniversaire de Sylvain est le 30 juin. Je vis dans une maison dans la banlieue. J'aime ma maison parce qu'elle est toujours propre et elle est assez spacieuse.

3. Write a paragraph in the third person singular (he/she) providing the following details about your best friend or a member of your family. – Students' own answers

TRANSCRIPTS: Unit 4 - Things I like/dislike: school subjects & teachers

1. Underline the word you hear

a. La prof de français est **amusante**

b. La géographie, c'est **intéressant**

c. Les sciences, c'est très **utile**

d. L'éducation physique, c'est **fatigant**

e. **J'adore** la musique

f. La prof d'allemand est **sympathique**

g. Les mathématiques, c'est **difficile**

h. Le prof est assez **méchant**

2. Break the flow

a. J'aime l'allemand car c'est facile

b. Mon ami aime l'espagnol

c. Je n'aime pas les mathématiques

d. J'aime ça car j'apprends beaucoup

e. C'est utile pour le futur

f. J'ai un ami en classe

g. La professeure est très bonne

3. Listening for detail: what subjects does Patricia do each day? Tick the correct ones

Salut, je m'appelle Patricia et je suis de La Rochelle, en France. Le lundi, j'étudie l'espagnol et le français. J'adore le français! Le mardi, j'étudie les sciences et la géographie. Mes profs sont très sympathiques. Le mercredi, j'ai cours d'éducation physique et d'informatique. L'éducation physique, c'est amusant, mais c'est très fatigant! Le jeudi, j'étudie le dessin et l'histoire. J'ai beaucoup d'amis en classe. Finalement, le vendredi, j'ai cours de chimie et d'anglais. L'anglais, c'est mon cours préféré!

4. Complete with the missing words

a. J'adore **l'**espagnol car c'est **amusant**

b. Mon ami aime **les** mathématiques

c. Je **n'aime** pas les sciences

d. ...car ce n'**est** pas très intéressant

e. J'aime ça **car** j'ai des **amis** en classe

f. Le dessin, c'est assez **ennuyeux**

g. L'**informatique**, c'est très **utile** pour le futur

h. Le professeur **est** très **bon**

5. Listen and fill in the grid

e.g. J'ai cours de français. J'aime ça car le professeur est très bon.

a. J'ai cours de mathématiques. Je n'aime pas ça car c'est très difficile.

b. J'ai cours de géographie. J'adore ça car j'apprends beaucoup en classe.

c. J'ai cours de dessin. Je n'aime pas ça car c'est assez ennuyeux.

d. J'ai cours de sciences. J'aime ça car la prof est bonne.

e. J'ai cours d'informatique. J'aime ça car c'est utile pour le futur.

6. Listen and correct the mistakes

a. Au collège, j'étudie **l'**histoire

b. J'**adore** le français car **c'**est intéressant

c. J'aime ça car j'ai **des** amis en classe

d. Je n'aime **pas** les sciences car c'est difficile

e. Mon amie n'aime pas la **chimie**

f. **Les** mathématiques, c'est très utile

g. J'aime ça car la professeure est **bonne**

h. Je n'aime pas ça car **je n'**apprends **pas** beaucoup en classe

7. Spot the difference and correct the text

Je m'appelle Guillaume Kervran. Je suis de Brest. Au collège, j'étudie l'anglais, le breton, l'**espagnol** et le français. J'aime **beaucoup** l'espagnol car c'est **amusant** et j'apprends beaucoup **en classe**. C'est très **intéressant** et utile pour le futur. De plus, j'ai beaucoup d'**amis** en classe. Mon ami étudie le français et l'**allemand**. Il n'aime **pas** beaucoup le français car c'est assez **compliqué**.

8. Narrow listening: gapped translation

Je m'appelle Gary. J'ai **douze** ans. Je suis **de** Biarritz, dans le Pays basque. Au **collège**, j'étudie l'anglais, l'espagnol, le français et l'**allemand**. Ma matière préférée est l'**histoire** car le professur est **très bon** et **j'apprends** beaucoup en **classe**. Mon ami n'aime pas les **sciences** car il pense que le **professeur** est un peu **ennuyeux** et il n'a pas beaucoup d'**amis** en classe. Cependant, c'est une matière importante car c'est **utile** pour le **futur**. J'aime aussi les **mathématiques**, mais c'est assez **difficile**.

9. Listening slalom: follow the speaker from top to bottom and number the boxes accordingly

a. Au collège, j'étudie l'espagnol, le français et l'histoire. Ma matière préférée, c'est l'histoire.

b. J'aime le dessin car c'est intéressant et j'ai beaucoup d'amis en classe.

c. Le lundi, j'ai cours d'informatique et j'adore ça car c'est utile pour le futur.

d. Ma matière préférée, c'est l'allemand car mon professeur est très bon.

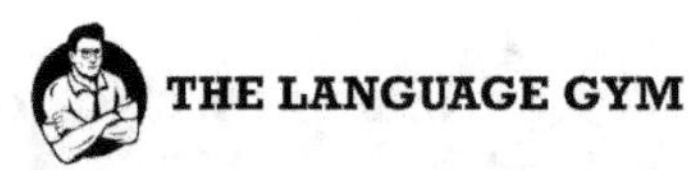

ANSWERS: Unit 4 - Things I like/dislike: school subjects & teachers

Unit 4. Things I like/dislike: school subjects & teachers: LISTENING

1. Underline the word you hear

a. La prof de français est **amusante**

b. La géographie, c'est **intéressant**

c. Les sciences, c'est très **utile**

d. L'éducation physique, c'est **fatigant**

e. **J'adore** la musique

f. La prof d'allemand est **sympathique**

g. Les mathématiques, c'est **difficile**

h. Le prof est assez **méchant**

2. Break the flow

a. J'aime l'allemand car c'est facile   b. Mon ami aime l'espagnol   c. Je n'aime pas les mathématiques

d. J'aime ça car j'apprends beaucoup   e. C'est utile pour le futur   f. J'ai un ami en classe

g. La professeure est très bonne

3. Listening for detail: what subjects does Patricia do each day? Tick the correct ones

Monday: Spanish, French

Tuesday: Science, Geography

Wednesday: PE, IT

Thursday: Art, History

Friday: Chemistry, English

4. Complete with the missing words

a. J'adore **l'**espagnol car c'est **amusant**

b. Mon ami aime **les** mathématiques

c. Je **n'aime** pas les sciences

d. ...car ce n'**est** pas très intéressant

e. J'aime ça **car** j'ai des **amis** en classe

f. Le dessin, c'est assez **ennuyeux**

g. L'**informatique**, c'est très **utile** pour le futur

h. Le professeur **est** très **bon**

5. Listen and fill in the grid

	Subject	Love/Like/Dislike	Reason
a.	**Maths**	Dislike	Very difficult
b.	**Geography**	Love	Learn a lot in class
c.	**Art**	Dislike	Quite boring
d.	**Science**	Like	Teacher is good
e.	**IT**	Like	Useful for the future

6. Listen and correct the mistakes

a. Au collège, j'étudie **l'**histoire

b. J'**adore** le français car **c'**est intéressant

c. J'aime ça car j'ai **des** amis en classe

d. Je n'aime **pas** les sciences car c'est difficile

e. Mon amie n'aime pas la **chimie**

f. **Les** mathématiques, c'est très utile

g. J'aime ça car la professeure est **bonne**

h. Je n'aime pas ça car **je n'**apprends **pas** beaucoup en classe

7. Spot the difference and correct the text

Je m'appelle Guillaume Kervran. Je suis de Brest. Au collège, j'étudie l'anglais, le breton, l'**espagnol** et le français. J'aime **beaucoup** l'espagnol car c'est **amusant** et j'apprends beaucoup **en classe**. C'est très **intéressant** et utile pour le futur. De plus, j'ai beaucoup d'**amis** en classe. Mon ami étudie le français et l'**allemand**. Il **n'**aime **pas** beaucoup le français car c'est assez **compliqué**.

8. Narrow listening: gapped translation

My name is Gary. I am **12** years old. I am **from** Biarritz, in the Basque Country. At **school** I study English, Spanish, French and **German**. My favourite subject is **History** because the teacher is **very good** and because I **learn** a lot in **class**. My friend doesn't like **science** because he thinks that the **teacher** is a bit **boring** and he doesn't have many **friends** in class. However, it is an important subject because it is **useful** for the **future**. I also like **maths**, but they are quite **difficult**.

9. Listening slalom: follow the speaker from top to bottom and number the boxes accordingly

a. At school, I study Spanish, French and history. My favourite subject is history.
b. I like art because it is interesting and I have many friends in class.
c. On Mondays I have IT class and I love it because it is useful for the future.
d. My favourite subject is German because my teacher is very good.

Unit 4. Things I like/dislike: school subjects & teachers: VOCABULARY BUILDING

1. Match

J'aime – I like   **Les sciences** – Science   **Car** – Because   **Je n'aime pas** – I don't like   **Ennuyeux** – Boring
Mon ami – My friend   **Amusant** – Fun   **Facile** – Easy   **Intéressant** – Interesting

2. Faulty translation: correct the English

a. J'aime les sciences   *I like **Science***
b. L'anglais, c'est ennuyeux   *English is **boring***
c. Le français, c'est amusant   *French is **fun***
d. L'histoire, c'est intéressant   ***History** is interesting*
e. Mon ami aime le dessin   *My friend **likes** art*
f. Les mathématiques, c'est facile   *Maths is **easy***
g. L'informatique, c'est ennuyeux   *ICT is **boring***
h. J'apprends beaucoup   *I **learn** a lot*
i. C'est utile pour le futur   *It is **useful** for the future*

3. Spot the hidden word in each sequence of letters

a. *Fun*   ennuyeuxfacilebeaucoup**amusant**difficileamisciences
b. *Easy*   aime**facile**assezmathématiquesamusantutileami
c. *Boring*   j'aimej'écoute**ennuyeux**j'apprendsanglaisj'adore
d. *Because*   dessincompliquéj'aimeami**car**j'apprendsenclasse
e. *It is*   allemandcompliqué**c'est**boncaramusanttrèsbeaucoup
f. *Science*   j'aimebeaucouples**sciences**carc'estutileetfacile
g. *Friend (fem.)* **amie**n'aimepaschimieassezdifficileetcompliqué

4. Translate into English

a. Interesting   b. Complicated   c. Boring   d. Fun   e. Useful   f. Good   g. Easy

5. Complete the table

Français	English
Ennuyeux	**Boring**
Utile	Useful
Amusant	Fun
Bon	**Good**
Intéressant	Interesting
Car	**Because**
Facile	Easy
Compliqué	Complicated
C'est fatigant	**It is tiring**
J'ai des amis	I have friends
C'est facile	**It is easy**

6. Insert 'le', 'la', 'l'' or 'les' as appropriate

a. J'aime **le** dessin   b. Je n'aime pas **les** sciences   c. Je déteste **les** mathématiques   d. J'aime assez **la** chimie
e. J'aime beaucoup **l'**anglais   f. Je préfère **les** langues   g. Je n'aime pas **l'**allemand   h. J'aime **le** français
i. Je n'aime pas **l'**histoire j. J'aime assez **la** musique k. J'aime **l'**éducation civique l. J'adore **l'**éducation physique

7. Complete the words

a. Am**us**ant b. Scie**nce**s c. Il a**im**e le de**ss**in d. L'angl**ais** e. Je n'**aim**e pas f. C'**est** amus**ant**

g. La m**usiqu**e h. Les lang**ues** i. Le fran**çais** j. L'histo**ire** k. L'espa**gnol** l. J'appr**ends**

Unit 4. Things I like/dislike: school subjects & teachers: READING

1. Find the French for the following in Éric's text

a. I live: J'h**abite** b. School: **É**cole c. Outskirts: **B**anlieue d. Hard–working: **T**ravailleurs
e. They help me: **Ils** m'**aident** f. Good (sing.): **B**on g. I learn: J'**apprends** h. Also: **A**ussi
i. Tiring: **F**atigant

2. Complete based on Éric's text

a. He is **13** b. He has **3** siblings c. His biology teacher is **good** and **helps him** d. He loves (likes a lot?)
school e. Science is **interesting** f. He **also** likes PE g. PE is **tiring** h. History is **boring**

3. Spot and correct the 11 mistakes in the following translation of Yoann's text

My name is Yoann. I am **fifteen** years old and my birthday in on 8th June. I live in Guernesey. I am **an only child**.
I go to the college les Varendes, a quite large secondary school **on the outskirts** of the city, near the stadium. I
like my school because the teachers are very good, **hard-working** and are not strict. My favourite **subject** is ICT
because it is interesting and **useful** and the teacher is **fun** and patient. I **learn** very much in his lessons. I also like
foreign languages, especially **German**, because the teachers and very **good** and fun. I don't like at all maths
because they are complicated, boring and tiring

4. Find the French for the following in Rose's text

a. Only child: **fille unique**   e. Hard-working: **travailleurs**
b. School: **école**   f. I learn: **j'apprends**
c. Lake: **lac**   g. Nice: **sympathique**
d. Good: **bons**   h. English: **anglais**

5. Find someone who

a. Rose b. Yoann c. Rose d. Yoann e. Éric f. Rose g. Rose

6. Asnwer these questions about Rose

a. In the city centre b. Good, hard-working and strict c. Because it's easy and the teacher is nice
d. They are complicated and boring

Unit 4. Things I like/dislike: school subjects & teachers: TRANSLATION

1. Translate into English

a. I like English b. The teacher is good c. I learn a lot d. I don't like at all e. It is complicated
f. It is boring g. I like history a lot h. I love science i. I have friends in class j. It is tiring
k. I like languages a lot

2. Gapped translation

a. J'aime **beaucoup** l'anglais b. **J'apprends** beaucoup c. **J'adore** les sciences d. J'ai des **amis** en classe

e. C'est **utile** pour l'avenir f. Le professeur est **bon**

3. Tangled translation: into French

a. J'aime l'**anglais** car j'ai des **amis en** classe
b. Je n'aime pas **du tout** la **chimie car** c'est **ennuyeux**
c. **Je n'aime pas** les **maths** car la professeure est **méchante**
d. Je n'aime **pas** l'éducation physique **car** c'est **fatigant**
e. **J'adore** le **français** car la professeure **est amusante** et **sympathique**
f. **J'aime** l'informatique **car** c'est **utile** pour le **futur**
g. Je n'aime pas le **dessin** parce que **c'est** compliqué

4. Phrase level translation: English to French

a. J'aime les sciences b. J'apprends beaucoup c. J'ai des amis d. C'est compliqué e. C'est ennuyeux
f. C'est utile g. J'adore le français h. En classe i. C'est fatigant j. J'aime les mathématiques
k. Pour le futur l. J'aime beaucoup l'histoire m. Le professeur est bon n. Le professeur est ennuyeux

5. Sentence level translation: English to French
a. J'aime le français parce que j'ai des amis en classe
b. Je n'aime pas les sciences parce que le professeur est ennuyeux.
c. J'adore l'espagnol parce que c'est utile pour le futur.
d. Je n'aime pas les mathématiques parce que c'est compliqué.
e. Je n'aime pas l'histoire parce que le professeur est méchant.
f. Je n'aime pas l'EPS parce que c'est trop fatigant.
g. J'aime l'informatique parce que le professeur est bon et amusant.

Unit 4. Things I like/dislike: school subjects & teachers: WRITING

1. Anagrams
a. Les sciences, c'est ennuyeux   b. L'anglais, c'est amusant   c. J'apprends beaucoup en classe
d. Je n'aime pas les mathématiques   e. J'aime assez le français   f. C'est utile pour le futur
g. La professeure est bonne   h. J'ai des amis en classe

2. Broken words
a. J'appre**nds** beau**coup** en cla**sse** b. Mon profe**sseur** est symp**athique** c. Je n'a**ime** pas les scien**ces**
d. C'**est** uti**le** pour le futu**r** e. Le profe**sseur** de de**ssin** est fati**gant** f. J'**ai** des a**mis** en classe
g. Mon professeur est amus**ant** h. Je n'aime p**as** la chi**mie** i. Les math**ématiques**, c'est ennu**yeux**

3. Complete with the missing words
a. Je n'**aime** pas les sciences b. J'aime **beaucoup** le français c. Je n'aime **pas** les mathématiques
d. J'aime l'anglais **car** le **professeur** est bon e. Mon **ami** aime le dessin **car** c'est amusant.
f. J'adore **le** français car c'**est** passionnant. g. J'aime l'informatique car c'est **utile** pour le futur.
h. J'ai beaucoup d'amis en **classe**

4. Complete with *le, la, les* or *l'* as appropriate
a. Je n'aime pas **les** mathématiques b. J'aime beaucoup **le** français c. Mon ami aime **les** sciences
d. Marina aime **le** dessin e. Mon amie aime **l'**espagnol f. Tu aimes **les** langues ?
g. J'aime **les** professeurs de mon école h. Mon frère n'aime pas **l'**allemand

5. Guided writing
Samuel: Je m'appelle Samuel. J'aime le français car c'est amusant, mais je n'aime pas les sciences car c'est ennuyeux.

Alain: Je m'appelle Alain. J'aime l'informatique car c'est utile, mais je n'aime pas les maths car le professeur n'est pas bon.

André: Je m'appelle André. J'aime l'anglais car c'est intéressant, mais je n'aime pas le dessin car ce n'est pas amusant.

Charles: Je m'appelle Charles. J'aime les sciences car c'est fascinant, mais je n'aime pas l'EPS car c'est fatigant.

Ninon: Je m'appelle Ninon. J'aime l'espagnol car c'est amusant et intéressant, mais je n'aime pas l'histoire car le professeur est méchant et je n'ai pas d'amis en classe.

6. Describe this person in the third person:

Il s'appelle Emmanuel et il a treize ans. Il vient de Marseille mais il vit au Portugal. Il aime le français, car c'est amusant et c'est utile pour le futur et il aime aussi les mathématiques, car c'est passionnant et le professeur est très bon et drôle. Il n'aime pas la géographie car c'est ennuyeux et le professeur est méchant.

TERM 1 – BRINGING IT ALL TOGETHER – 4

1. Find the French equivalent in the text

a. J'ai douze ans b. Aujourd'hui je vais très bien c. J'ai un frère aîné d. Nous habitons
e. J'aime ma maison f. Il y a beaucoup de magasins dans ma rue g. Pendant mon temps libre h. Ma meilleure amie
i. Dans la banlieue de j. Je vais k. Un collège assez grand l. J'aime mon collège
m. Les professeurs sont très bons n. Travailleurs o. C'est un collège bilingue p. J'adore l'anglais

2. Arrange the information below in the same order as it occurs in the text

His name is Michel – 1
He likes his school – 8
Amandine lives in Bogota – 6
Michel is feeling very well today – 2
He likes his house – 4
Michel loves English – 9
There are many restaurants near Amandine's house – 7
Michel is on holidays – 3
Amandine's birthday is on 30th April – 5

3. Faulty translation: correct the 10 mistakes found in the translation below of paragraphs 1, 2 and 3 of Lionel's text

1. My name is Lionel and I am **14** years old. I am from Germany and live in Berlin, the capital. Today I am **so-so**. I am a bit **stressed** because I have a lot of homework.

2. I have a **younger** brother whose name is Grégoire. Grégoire is thirteen and usually is very **kind**. Today Grégoire is very **happy** because it is his birthday.

3. I live with my family in a quite **big** and a bit old house **on the outskirts** of Berlin. I like my house even if it is a bit **small**. There are many restaurants nearby. In my free time I **always** play the **drums**.

4. Complete the translation of paragraph 4

My **best** friend is called Anthony and is **15** years old, almost **like** me. His birthday is on **13th** February. He lives in a huge **flat** in the centre of Berlin. He **likes** his flat because it is very **big** and **pretty** and there is a sports centre **nearby**.

5. Complete the sentences below based on paragraphs 5 to 7

a. Lionel' school is located **near the city centre**
b. He likes his school because the teachers are (1) **intelligent** and (2) **patient**
c. His favourite subject is **Spanish** because it is (1) **interesting** and (2) **useful for the future**
d. His Spanish teacher is very (1) **intelligent** and (2) **nice**
e. She always **helps** him and never **angry**
f. He also enjoys music because the lessons are **fun** and he has **his best friend**
g. He hates maths because it is too **hard** and a bit **boring**. Also, the teacher is very **impatient**

TRANSCRIPTS: Unit 5 - Things I like/dislike: free time

1. Select the correct answer

a. J'aime jouer au **basket**
b. J'aime faire du **sport**
c. J'aime jouer aux **cartes**
d. J'aime faire de la **randonnée**

e. J'aime aller au **gymnase**
f. J'aime aller à la **pêche**
g. J'aime cela car c'est **amusant**
h. Je n'aime pas cela car c'est **fatigant**

2. Break the flow (draw a line between each word)

a. Pendant mon temps libre
b. J'aime jouer au basket
c. Je n'aime pas faire de l'équitation
d. J'aime aller à la piscine avec mon ami

e. J'aime cela car c'est intéressant
f. Je n'aime pas cela car c'est fatigant
g. J'aime faire du vélo

3. Listening for detail: what activities does Julie do each day? Tick the correct ones

Salut, je suis Julie. Le lundi, j'aime faire du vélo et du footing. Je fais cela dans le parc. Le mardi, j'aime jouer au foot et j'aime aussi aller me promener. Le mercredi, j'aime faire de la natation à la piscine et faire du sport après le collège. Le jeudi, j'aime aller à la pêche et jouer aux jeux vidéo. Le vendredi, j'aime jouer aux échecs avec mon frère et ensuite j'aime aller au centre commercial avec mes amies.

4. Complete with the missing words

a. J'aime jouer au **tennis**
b. Je n'aime pas aller au **parc**
c. Je n'aime pas faire du **sport**
d. J'aime beaucoup aller me **promener**

e. Je n'aime pas faire du **footing**
f. J'aime jouer aux **échecs**
g. J'aime cela, car c'est **amusant**
h. J'aime aller au **gymnase**

5. Listen and fill in the grid

e.g. Je déteste faire du footing car ce n'est pas amusant
a. J'adore faire de l'équitation car c'est génial
b. Je déteste jouer au foot car c'est fatigant

c. J'aime faire mes devoirs car c'est intéressant
d. Je déteste faire de la natation car c'est ennuyeux
e. J'aime jouer aux jeux vidéo car c'est amusant

6. Listen and correct the mistakes

a. J'aime aller **me** promener
b. J'aime **faire** de la natation
c. J'aime cela car **c'est** amusant
d. J'aime beaucoup aller **au** parc
e. Je déteste faire **du** sport
f. J'aime assez **aller** à la pêche
g. J'aime cela car **c'est** sain
h. Je déteste **faire** du vélo

7. Spot the differences between the sentences you hear and those written down

a. Je n'aime pas jouer **au tennis**
b. J'aime beaucoup aller **me promener**
c. J'aime jouer au **basket**
d. J'aime aller à la piscine (IDENTICAL)
e. Je déteste faire du **footing**

f. J'aime beaucoup cela car c'est **génial**
g. Je n'aime pas faire de la **natation**
h. J'aime beaucoup aller au centre commercial (IDENTICAL)
i. Je n'aime pas jouer aux **échecs**

8. Narrow listening: gapped translation

Salut, **je** m'appelle Anne et je suis de Paris. J'ai **onze** ans. Dans ma famille, il y a **cinq** personnes: ma mère, mon père, mon frère **aîné**, Romain et mon frère **cadet**, Paul. Mon anniversaire est le **vingt** juillet. Je n'aime pas **beaucoup** étudier. Au **collège**, j'étudie beaucoup de matières, mais j'aime seulement le **dessin** et l'éducation physique. Je déteste faire **mes devoirs**! Pendant mon temps libre, j'aime faire du **sport**. J'aime beaucoup jouer au **basket**, faire du **vélo** et faire du **footing**. J'adore jouer au basket car c'est **génial**. Je n'aime pas faire de la **randonnée** car c'est ennuyeux et **fatigant**.

9. Listening slalom: follow the speaker from top to bottom and number the boxes accordingly

a. Pendant mon temps libre j'aime aller à la pêche et faire de la natation.
b. Quand j'ai le temps j'aime jouer aux échecs car c'est très intéressant.
c. Je déteste faire du vélo car c'est ennuyeux et fatigant.
d. J'aime beaucoup jouer aux jeux vidéo avec mon père

ANSWERS: Unit 5 - Things I like/dislike: free time

Unit 5. Things I like/dislike: free time: LISTENING

1. Select the correct answer

a. J'aime jouer au **basket**

b. J'aime faire du **sport**

c. J'aime jouer aux **cartes**

d. J'aime faire de la **randonnée**

e. J'aime aller au **gymnase**

f. J'aime aller à la **pêche**

g. J'aime cela car c'est **amusant**

h. Je n'aime pas cela car c'est **fatigant**

2. Break the flow: draw a line between each word

a. Pendant mon temps libre

b. J'aime jouer au basket

c. Je n'aime pas faire de l'équitation

d. J'aime aller à la piscine avec mon ami

e. J'aime cela car c'est intéressant

f. Je n'aime pas cela car c'est fatigant

g. J'aime faire du vélo

3. Listening for detail: what activities does Julie do each day? Tick the correct ones

Lundi: cycling, jogging   Mardi: go for a walk, football   Mercredi: swimming, sport
Jeudi: videogames, fishing   Vendredi: chess, shopping mall

4. Complete with the missing words

a. J'aime jouer au **tennis**

b. Je n'aime pas aller au **parc**

c. Je n'aime pas faire de **sport**

d. J'aime beaucoup aller me **promener**

e. Je n'aime pas faire de **footing**

f. J'aime jouer aux **échecs**

g. J'aime cela, car c'est **amusant**

h. J'aime aller au **gymnase**

5. Listen and fill in the grid

	Opinion	Activity	Reason
a.	**Loves**	Doing horseriding	Great
b.	**Hates**	Playing football	Tiring
c.	**Likes**	Doing homework	Interesting
d.	**Dislikes**	Doing swimming	Boring
e.	**Likes**	Playing videogames	Fun

6. Listen and correct the mistakes

a. J'aime aller **me** promener

b. J'aime **faire** de la natation

c. J'aime cela car **c'est** amusant

d. J'aime beaucoup aller **au** parc.

e. Je déteste faire **du** sport

f. J'aime assez **aller** à la pêche

g. J'aime cela car **c'est** sain

h. Je déteste **faire** du vélo

7. Spot the differences

a. Je n'aime pas jouer **au tennis**

b. J'aime beaucoup aller **me promener**

c. J'aime jouer au **basket**

d. J'aime aller à la piscine (IDENTICAL)

e. Je déteste faire du **footing**

f. J'aime beaucoup cela car c'est **génial**

g. Je n'aime pas faire de la **natation**

h. J'aime beaucoup aller au centre commercial (IDENTICAL)

i. Je n'aime pas jouer aux **échecs**

8. Narrow listening: gapped translation

Salut, **je m'appelle** Anne et je suis de Paris. J'ai **onze** ans. Dans ma famille, il y a **cinq** personnes: ma mère, mon père, mon frère **aîné**, Romain et mon frère **cadet**, Paul. Mon anniversaire est le **vingt** juillet. Je n'aime pas **beaucoup** étudier. Au **collège**, j'étudie beaucoup de matières, mais j'aime seulement le **dessin** et l'éducation physique. Je déteste faire **mes devoirs**! Pendant mon temps libre, j'aime faire du **sport**. J'aime beaucoup jouer au **basket**, faire du **vélo** et faire du **footing**. J'adore jouer au basket car c'est **génial**. Je n'aime pas faire de la **randonnée** car c'est ennuyeux et **fatigant**.

9. Listening slalom: follow the speaker from top to bottom and number the boxes accordingly

a. Pendant mon temps libre j'aime aller à la pêche et faire de la natation.
b. Quand j'ai le temps j'aime jouer aux échecs car c'est très intéressant.
c. Je déteste faire du vélo car c'est ennuyeux et fatigant.
d. J'aime beaucoup jouer aux jeux vidéo avec mon père

Unit 5. Things I like/dislike: free time: VOCABULARY BUILDING

1. Match

Aller à la pêche – To go fishing   **Faire de la natation** – To go swimming   **Jouer aux échecs** – To play chess
Aller me promener – To go for a walk   **Jouer au basket** – To play basketball   **Faire du sport** – To do sport
Au centre sportif – To go to the sports centre   **Faire du footing** – To go jogging   **Faire du vélo** – To go
cycling   **Faire de la randonnée** – To go hiking   **Aller chez un ami** – To go to my friend's

2. Faulty translation

a. Correct   b. Faire du sport: *to do sport*   c. Aller au gymnase: *to go to the gym*
d. Faire du footing: *to go jogging*   e. Faire du vélo: *to go cycling*   f. Faire de la randonnée: *to go hiking*
g. Aller à la pêche: *to go fishing*   h. Jouer aux échecs: *to play chess*
i. Aller à la piscine: *to go to the swimming pool*   j. Correct   k. Faire de la natation: *to go swimming*

3. Sentence puzzle: rewrite the jumbled up French

a. Pendant mon temps libre j'adore faire du vélo   *In my free time I love to go cycling*
b. J'adore cela parce que c'est très amusant   *I love it because it is a lot of fun*
c. J'aime beaucoup faire du footing avec mes amis   *I like a lot to do jogging with my friends*
d. J'aime cela parce que c'est très relaxant   *I like it because it is very relaxing*
e. Je n'aime pas jouer aux échecs   *I don't like to play chess*
f. Je n'aime pas cela car c'est ~~très~~ ennuyeux   *I don't like it because it is boring*

4 Translate into English

a. Walk   b. Horse riding   c. Chess   d. Jogging   e. Bike   f. To do   g. I like   h. I love   i. To play
j. Swimming pool   k. Brother   l. My friend's house   m. Relaxing   n. Tiring

5. Tick all the adjectives

a. Relaxant √   b. Ami   c. Fatigant √   d. Équitation   e. Génial √   f. Aller   g. Amusant √   h. Sain √

6. Complete with the correct option

a. J'aime me **promener** avec mes amies b. Je n'**aime** pas jouer au foot c. J'aime **faire** du footing

d. J'aime beaucoup faire de la **natation** e. J'adore cela parce que c'est **amusant** f. J'aime jouer **aux** échecs

g. J'aime cela **car** c'est intéressant h. J'aime jouer **au** basket-~~ball~~

7. Complete the table

English	Français
Friends	*Amis*
Chess	*Échecs*
Bike	*Vélo*
I love	*J'adore*
Because	*Car*
Walk	*Randonnée*
Fishing	*Pêche*
To do	*Faire*
To play	*Jouer*

8. Gapped translation

a. Pendant mon temps libre j'aime faire de la randonnée: ***In my free time*** *I like to go* **hiking**
b. J'adore cela car c'est très intéressant: *I love it because it is* **very interesting**
c. J'aime beaucoup faire du footing avec mes amis: *I like* **a lot** *to go* **jogging** *with my friends*
d. J'adore cela car c'est très amusant: *I* **love** *it because it is very* **fun**
e. Je n'aime pas jouer aux échecs. C'est ennuyeux: *I don't like to play* **chess**. *It is* **boring**
f. Je n'aime pas cela parce que c'est fatigant: *I* **don't like** *it because it is* **tiring**
g. J'adore aller à la pêche car c'est relaxant: *I love to go* **fishing** *because it is* **relaxing**

9. Find the French for the words/phrases on the right

	a	l	l	e	r								
							e					f	
		c					n		g			a	
		r	a	n	d	o	n	n	é	e		t	f
		r					u		n			i	a
							y		i			g	i
							e		a			a	r
							u		l			n	e
	b	a	s	k	e	t	x					t	
							é	c	h	e	c	s	

Unit 5. Things I like/dislike: free time: READING

1. Find the French for the following in Isabelle's text

a. Pendant mon temps libre   b. Faire les magasins   c. Aussi   d. Jouer aux échecs   e. Aîné   f. Aller à la piscine
g. Relaxant   h. Pendant ton temps libre   i. Je n'aime pas du tout   j. Jouer au tennis   k. Fatigant

2. Complete the statements below based on Charles' text

a. In my free time I like to do **sport**   b. I like to play **basketball** with my friends
c. I like to go to the **swimming pool and to the gym** with my brother and to go **cycling**
d. At the weekend I enjoy to go **hiking** with my father because it is **great**
e. I don't like at all to **play football** because it is **very boring**

3. Tick or cross?

a. Free √
b. Video games √
c. ~~Female friends~~
d. ~~Bike~~
e. ~~Shopping centre~~
f. Fun √
g. Weekend √
h. Computer √

i. Swimming √
j. ~~Jogging~~
k. I don't like √
l. ~~Because~~
m. Fishing √
n. Time √
o. ~~Saturday~~
p. ~~Walk~~

4. Find someone who...

a. Stéphanie b. Charles   c. Isabelle   d. Isabelle   e. Charles   f. Stéphanie   g. Charles   h. Isabelle
i. Stéphanie

Unit 5. Things I like/dislike: free time: WRITING

1. Transl-Anagrams: unjumble the words and translate them into English

a. C'est amusant – It's fun   b. J'aime beaucoup cela – I like a lot   c. C'est ennuyeux – It's boring

d. Jouer aux échecs – To play chess   e. Faire de la randonnée – To go hiking

f. Jouer aux jeux vidéo – To play videogames   g. Faire de la natation – To go swimming

2. Broken words

a. Ordi**nateur**   b. Pê**che**   c. J'ad**ore**   d. Aller à la **p**iscine   e. Rando**nnée**

f. Équi**tation**   g. Centre co**mmercial**   h. J**eux** vidéo

3. Complete the sentences with FAIRE, ALLER or JOUER as appropriate

a. J'aime **jouer** au tennis

b. J'aime **faire** de la randonnée

c. J'aime **aller** à la piscine

d. J'aime **faire** du vélo

e. J'aime **faire** de la natation et de l'équitation

f. J'adore **jouer** au football

g. J'aime beaucoup **faire** du footing

h. J'aime **jouer** au basket

i. J'aime **aller** à la pêche

j. J'adore **jouer** aux jeux vidéo

4. Translate into French

a. Jeux vidéo b. Équitation c. Natation d. Pêche e. Randonnée f. Fatigant

5. Translate into French

a. J'aime faire de la randonnée b. Je n'aime pas faire de la natation c. J'adore jouer aux jeux vidéo

d. C'est fatigant e. J'aime aller à la pêche f. C'est génial.

6. Translate into French

a. J'aime jouer au basket avec mes amis. J'adore cela parce que c'est amusant.

b. Je n'aime pas faire de la randonnée avec ma famille. Je n'aime pas cela car c'est ennuyeux.

c. J'aime aller à la piscine avec mes amis. C'est fantastique!

d. Je n'aime pas faire du vélo avec mon père et mon frère. C'est fatigant.

e. J'adore me promener avec ma meilleure amie. C'est très relaxant.

f. J'aime beaucoup faire du shopping avec mes amis. C'est génial !

g. Je n'aime pas aller à la pêche avec ma famille. C'est très ennuyeux.

TERM 1 – BRINGING IT ALL TOGETHER – 5

1. Complete the sentences, based on Marie's text

a. Marie is **10** years old   b. Today she is feeling **great**   c. Caroline is her **older sister**

d. Caroline is a bit **so-so** today   e. Near her flat there are many **parks**   f. Her dog is very **affectionate**

g. André is her **best friend**   h. Marie attends a **small** school in the centre of Saint-Denis

i. She likes her school because her teachers are **very good** and **kind**   j. She likes PE but it is a bit **exhausting**

k. Her literature teacher is **fun**   l. In her free time she enjoys going shopping and **walking** with her friends

m. She also plays videogames with her **older** sister and goes to the **swimming pool** with her **best** friend

2. Find and correct the 8 mistakes in the below translation of the second last paragraph

I go to *Collège de La Montagne*, a **small** school in the centre of the city of Saint-Denis. I like my school because the teachers are very **good** and kind. They aren't **strict**. I love **PE**, but it is a bit **tiring**. My favourite subject is literature because it is very **interesting** and helps me develop my imagination. Also, the teacher is **fun** and always **helps** me.

3. Find the French equivalent in the last paragraph

a. Temps libre   b. Magasins   c. Sœur aînée   d. Meilleure amie   e. Relaxant   f. Échecs   g. Ennuyeux

h. Intéressant

4. Answer the following questions on Anthony's text (parapgraphs 1 to 4)

a. 16 years old   b. In the north east of France   c. Because he is tired and stressed   d. His horse is sick
e. Because it's her best friend's birthday f. It's quite big and there are many beaches nearby   g. Big and strong
h. In the mountain   i. It is calm and there is a lake

5. Complete the following translation of paragraph 5

I attend collège public Kléber, a **multilingual** school in the **centre** of Strasbourg, near the **river**. In my school
we learn in **French**, and in English. I **love** languages because they are very **useful** for the future.

6. Find the French equivalent in paragraphs 6

a. J'aime mon collège b. Gentils   c. Parfois   d. Matière   e. Cela m'aide à comprendre   f. Mieux
g. Le monde naturel

7. Translate into English the following phrases from paragraph 7

a. In my free time b. With my friends c. I like to play   d. It is very fun e. To read books f. He likes to play guitar

TRANSCRIPT:
TERM 1 - BRINGING IT ALL TOGETHER – QUESTION SKILLS

1. Fill in the missing words
a. Comment tu t'**appelles**? b. **Comment** ça va **aujourd'hui**?   c. **Quel** âge as-tu?
d. **Q**uelle est la date de ton anniversaire? e. Est-ce que tu as des **frères** et des sœurs?
f. **C**omment s'**appelle** ton frère? g. **Q**uelle est la date de **son** anniversaire?   h. **Quel** âge a-t-il?   i. **D'où** es-**tu**?
j. Où h**abites**-tu? k. **Q**uelles matières étudies-tu? l. **Quelle** matière a**imes**-tu?
m. Qu'**est**-ce q**ue** tu aimes **faire** pendant ton temps libre?

2. Listen and choose the option that you hear

a. Je m'appelle **Patricia**   b. Je vais **comme-ci, comme ça**   c. J'ai **seize** ans
d. Mon anniversaire est le **trente** septembre   e. Oui, j'ai **un frère** cadet   f. Mon **père** s'appelle Joël
g. Il a **neuf** ans   h. Son anniversaire est le onze **février**   i. **Je suis** de France   j. J'habite à Cannes, dans le **sud**
k. J'étudie les **langues**   l. Je n'aime pas les **sciences**   m. Pendant mon temps libre j'aime faire du **sport**

3. Listen and write in the missing information
a. **Comment** tu t'appelles?   *Je m'**appelle** Patricia*
b. **Comment** ça va aujourd'hui?   *Aujourd'hui, **je vais** très bien*
c. **Quel** âge as-tu?   *J'ai **seize** ans*
d. **Quelle** est la date de ton anniversaire?   *Mon anniversaire est le **trente septembre***
e. **Est-ce que** tu as des frères ou des sœurs?   *Oui, j'ai **un frère** cadet*
f. **Comment** s'appelle ton frère?   *Mon **frère** s'**appelle** Julien*
g. **Quel** âge a-t-il?   *Il a **neuf** ans.*
h. **Quelle** est la date de son anniversaire?   *Son **anniversaire** est le vingt-cinq **février***
i. **D'où** es-tu?   *Je suis de **France***
j. **Où** habites-tu?   *J'**habite** à Cannes, dans le **sud** de la France*
k. **Quelles** matières **étudies-tu**?   *J'**étudie** les sciences, les **mathématiques** et l'éducation **physique***
l. **Quelles** matières tu n'aimes pas?   *Je n'aime **pas** les sciences **car** c'est trop **difficile***
m. **Tu aimes** le français?   *J'adore le **français** car c'est **facile** et très **utile** pour le **futur***
n. **Qu'est-ce que** tu aimes faire pendant ton temps libre?
*Pendant mon **temps** libre, j'aime **faire** du sport avec mes **amis***

ANSWERS:

TERM 1 – BRINGING IT ALL TOGETHER – QUESTION SKILLS

1. Fill in the missing words

a. Comment tu t'**appelles**? b. **Comment** ça va **aujourd'hui**? c. **Quel** âge as-tu?

d. **Quelle** est la date de ton anniversaire? e. Est-ce que tu as des f**rères** et des sœurs? f. **Comment** s'**appelle** ton frère?

g. **Quelle** est la date de **son** anniversaire? h. **Quel** âge a-t-il? i. D'**où** es-**tu**? j. Où h**abites**-tu ?

k. **Quelles** matières étudies-tu? l. **Quelle** matière a**imes**-tu? m. Qu'**est**-ce q**ue** tu aimes f**aire** pendant ton temps libre?

2. Listen and choose the option that you hear

a. Je m'appelle **Patricia** b. Je vais **comme-ci, comme ça** c. J'ai **seize** ans

d. Mon anniversaire est le **trente** septembre e. Oui, j'ai **un frère** cadet f. Mon **père** s'appelle Joël g. Il a **neuf** ans

h. Son anniversaire est le onze **février** i. **Je suis** de France j. J'habite à Cannes, dans le **sud**

k. J'étudie les **langues** l. Je n'aime pas les **sciences** m. Pendant mon temps libre j'aime faire du **sport**

3. Listen and write in the missing information

a. **Comment** tu t'appelles? *Je m'**appelle** Patricia*
b. **Comment** ça va aujourd'hui? *Aujourd'hui, **je vais** très bien*
c. **Quel** âge as-tu? *J'ai **seize** ans*
d. **Quelle** est la date de ton anniversaire? *Mon anniversaire est le **trente septembre***
e. **Est-ce que** tu as des frères ou des sœurs? *Oui, j'ai **un frère** cadet*
f. **Comment** s'appelle ton frère? *Mon **frère s'appelle** Julien*
g. **Quel** âge a-t-il? *Il a **neuf** ans.*
h. **Quelle** est la date de son anniversaire? *Son **anniversaire** est le vingt-cinq **février***
i. **D'où** es-tu? *Je suis de **France***
j. **Où** habites-tu? *J'**habite** à Cannes, dans le **sud** de la France*
k. **Quelles** matières **étudies-tu**? *J'**étudie** les sciences, les **mathématiques** et l'éducation **physique***
l. **Quelles** matières tu n'aimes pas? Pourquoi? *Je n'aime **pas** les sciences **car** c'est trop trop **difficile***
m. **Tu aimes** le français? Pourquoi? *J'adore le **français** car c'est **facile** et très **utile** pour le **futur***
n. **Qu'est-ce que** tu aimes faire pendant ton temps libre?
*Pendant mon **temps** libre, j'aime **faire** du sport avec mes **amis***

4. Fill in the grid with your personal information

Free answers.

5. Survey two of your classmates using the same questions as above

Free answers.

THE LANGUAGE GYM

TERM 2

TRANSCRIPTS: Unit 6 - Talking about my family members

1. Fill in the blanks

a. Dans ma **famille,** il y a **cinq** personnes.

b. Mon grand-père a **soixante-dix** ans.

c. Dans **ma** famille, **il y a** six **personnes**.

d. Mon **père** s'appelle **Pascal**.

e. Je m'**entends** bien avec **mon** frère **aîné**.

f. Je m'entends **mal** avec ma **mère**.

g. Je m'entends **très** bien avec mon **père**.

2. Break the flow

a. Il y a quatre personnes dans ma famille.

b. Je m'entends bien avec mes parents.

c. Mon grand-père a quatre-vingts ans.

d. Mon oncle a quarante ans.

e. Mon frère aîné s'appelle Jean.

f. Dans ma famille, il y a cinq personnes.

g. Mon père a quarante-deux ans.

3. Multiple choice quiz: select the correct age

1. Je m'appelle Julien et j'ai **50** ans.

2. Je m'appelle Sylvie et j'ai **70** ans.

3. Je m'appelle Jean et j'ai **60** ans.

4. Je m'appelle Pierre et j'ai **100** ans.

5. Je m'appelle Marina et j'ai **36** ans.

6. Je m'appelle Clémence et j'ai **85** ans.

7. Je m'appelle Éric et j'ai **73** ans.

8. Je m'appelle Paul et j'ai **71** ans.

9. Je m'appelle Emma et j'ai **47** ans.

4. Spot the intruders: identify the word(s) in each sentence the speaker is NOT saying

a. Dans ma famille, il y a cinq ~~mille~~ personnes.

b. Mon oncle Pierre a quarante-~~et-un~~ ans.

c. Je m'entends ~~très~~ bien avec mes parents.

d. Mon cousin Tristan a ~~comme~~ cinquante ans.

e. Mes grands-parents ~~maternels~~ ont quatre-vingts ans.

f. Je m'entends mal avec mon cousin ~~Jean~~.

5. Faulty translation: spot the translation errors and correct them

a. Je m'appelle Jean-François. J'ai **15** ans.

b. J'ai les cheveux blonds et **courts**.

c. J'ai les yeux **bleus**.

d. Dans ma famille, il y a **5** personnes: mon père, ma mère, ma **sœur**, mon frère et moi.

e. Mon père a **45** ans, ma mère a **43** ans, ma sœur a **19** ans et mon frère a **17** ans.

f. Mon oncle et ma tante s'appellent Robert et Martine. Mon oncle a **60** ans et ma tante a **52** ans.

g. Mes grands-parents maternels ont **90** ans.

h. Mon grand-père paternel a **66** ans.

6. Spot and write in the missing words

a. Je **m'**appelle Dylan.

b. Je viens **d'**Espagne.

c. J'ai **un** frère.

d. Mon anniversaire **est** le vingt mars.

e. Dans ma famille, nous **sommes** cinq personnes.

f. Il y a mon père, ma mère, mes **deux** frères et moi.

g. J'ai trente-**sept** ans. Ma mère a soixante-deux ans et mon père a soixante-**et-un** ans.

h. Mon frère **aîné** a quarante ans et mon frère **cadet** a trente-cinq ans.

i. Je m'entends **très** bien **avec** mes parents.

7. Narrow listening: gapped translation

Je m'appelle Paul. Je suis de **Biarritz**. J'ai **13** ans. Mon anniversaire est le **30 janvier**. J'ai les cheveux **blonds**, longs et **raides**. J'ai les yeux **bleus**. Dans ma famille, il y a **5** personnes: mon **beau-père**, ma mère et mes deux sœurs. Ma sœur aînée a **16** ans. Ma sœur cadette a **11** ans. Je **m'entends bien** avec mes parents. Mon grand-père **maternel** habite avec nous. Il a **85** ans. Je m'entends bien avec lui.

8. Listening slalom: follow the speaker from top to bottom and number the boxes accordingly

(1) Salut, je m'appelle **Hélène** et j'ai 16 ans. Mon anniversaire est le 31 décembre. Ma mère a 48 ans et mon père a 52 ans. Mon grand-père a 76 ans et ma grand-mère a 68 ans.
(2) Salut, je m'appelle **Philippe** et j'ai 11 ans. Mon anniversaire est le 25 octobre. Ma mère a 39 ans et mon père a 43 ans. Mon grand-père a 73 ans et ma grand-mère a 81ans.
(3) Salut, je m'appelle **Marie** et j'ai 30 ans. Mon anniversaire est le 20 juin. Ma mère a 62 ans et mon père a 64 ans. Mon grand-père a 75 ans et ma grand-mère a 72 ans.
(4) Salut, je m'appelle **Xavier** et j'ai 17 ans. Mon anniversaire est le 15 mars. Ma mère a 44 ans et mon père a 49 ans. Mon grand-père a 90 ans et ma grand-mère a 80 ans.
(5) Salut, je m'appelle **Jean** et j'ai 20 ans. Mon anniversaire est le 7 janvier. Ma mère a 50 ans et mon père a 53 ans. Mon grand-père a 81 ans et ma grand-mère a 79 ans.

9. Narrow listening: listen and fill in the missing details on the grid

(1) Je m'appelle **Andréa** et j'ai 12 ans. Mon anniversaire est le 20 juin. Il y a 5 personnes dans ma famille. Mon frère cadet a 5 ans et ma sœur aînée a 16 ans. Ma mère a 39 ans et mon père a 41 ans.
(2) Je m'appelle **Philippe** et j'ai 14 ans. Mon anniversaire est le 14 décembre. Il y a 5 personnes dans ma famille. Ma sœur cadette a 8 ans et mon frère aîné a 18 ans. Ma mère a 42 ans et mon père a 44 ans.
(3) Je m'appelle **Sophie** et j'ai 11 ans. Mon anniversaire est le 15 septembre. Il y a 4 personnes dans ma famille. J'ai seulement un frère aîné et il a 21 ans. Ma mère a 43 ans et mon père a 46 ans.
(4) Je m'appelle **Éric** et j'ai 13 ans. Mon anniversaire est le 9 août. Il y a 5 personnes dans ma famille. Mon frère cadet a 9 ans et mon frère aîné a 15 ans. Ma mère a 39 ans et mon père a 40 ans.
(5) Je m'appelle **Myriam** et j'ai 28 ans. Mon anniversaire est le 31 juillet. Il y a 6 personnes dans ma famille. Mes deux sœurs cadettes ont 10 et 11 ans et ma sœur aînée a 31 ans. Ma mère a 56 ans et mon père a 55 ans.

ANSWERS: Unit 6 - Talking about my family members

Unit 6. Talking about my family members: LISTENING

1. Fill in the blanks

a. Dans ma **famille,** il y a **cinq** personnes.
b. Mon grand-père a **soixante-dix** ans.
c. Dans **ma** famille, **il y a** six **personnes**.
d. Mon **père** s'appelle **Pascal**.
e. Je m'**entends** bien avec **mon** frère **aîné**.
f. Je m'entends **mal** avec ma **mère**.
g. Je m'entends **très** bien avec mon **père**.

2. Break the flow

a. Il y a quatre personnes dans ma famille.
b. Je m'entends bien avec mes parents.
c. Mon grand-père a quatre-vingts ans.
d. Mon oncle a quarante ans.
e. Mon frère aîné s'appelle Jean.
f. Dans ma famille, il y a cinq personnes.
g. Mon père a quarante-deux ans.

3. Multiple choice quiz: select the correct age

1. 50   2. 70   3. 60   4. 100   5. 36   6. 85   7. 73   8. 71   9. 47

4. Spot the intruders

a. Dans ma famille, il y a cinq ~~mille~~ personnes.
b. Mon oncle Pierre a quarante-~~et-un~~ ans.
c. Je m'entends ~~très~~ bien avec mes parents.
d. Mon cousin Tristan a ~~comme~~ cinquante ans.
e. Mes grands-parents ~~maternels~~ ont quatre-vingts ans.
f. Je m'entends mal avec mon cousin ~~Jean~~.

5. Faulty translation: spot the translation errors and correct them

a. My name is Jean-François. I am **15** years old.

b. I have blond and **short** hair.

c. I have **blue** eyes.

d. In my family there are **5** people: my father, my mother, my **sister**, my brother and I.

e. My father is **45**, my mother is **43**, my sister is **19** and my brother is **17**.

g. My uncle and aunt are called Robert and Martine. My uncle is **60** and my aunt is **52** years old.

i. My maternal grandparents are **90** years old.

j. My paternal grandfather is **66**.

6. Spot and write in the missing words

a. Je **m'**appelle Dylan.   b. Je viens **d'**Espagne.   c. J'ai **un** frère.   d. Mon anniversaire **est** le vingt mars.

e. Dans ma famille, nous **sommes** cinq personnes.   f. Il y a mon père, ma mère, mes **deux** frères et moi.

g. J'ai trente-**sept** ans. Ma mère a soixante-deux ans et mon père a soixante-**et-un** ans.

h. Mon frère **aîné** a quarante ans et mon frère **cadet** a trente-cinq ans.   i. Je m'entends **très** bien **avec** mes parents.

7. Narrow listening

Je m'appelle Paul. Je suis de **Biarritz**. J'ai **13** ans. Mon anniversaire est le **30 janvier**. J'ai les cheveux **blonds**, longs et **raides**. J'ai les yeux **bleus**. Dans ma famille, il y a **5** personnes: mon **beau-père**, ma mère et mes deux sœurs. Ma sœur aînée a **16** ans. Ma sœur cadette a **11** ans. Je **m'entends bien** avec mes parents. Mon grand-père **maternel** habite avec nous. Il a **85** ans. Je m'entends bien avec lui.

8. Listening slalom: follow the speaker from top to bottom and number the boxes accordingly

1. Hélène	2. Philippe	3. Marie	4. Xavier	5. Jean
Name: Hélène	Name: Philippe	Name: Marie	Name: Xavier	Name: Jean
I am 16	I am 11	I am 30	I am 17	I am 20
Birthday: 31 Dec	Birthday: 25 Oct	Birthday: 20 June	Birthday: 15 Mar	Birthday: 7 Jan
My mother is 48	My mother is 39	My mother is 62	My mother is 44	My mother is 50
My father is 52	My father is 43	My father is 64	My father is 49	My father is 53
My grandad is 76	My grandad is 73	My grandad is 75	My grandad is 90	My grandad is 81
My grandma is 68	My grandma is 81	My grandma is 72	My grandma is 80	My grandma is 79

9. Narrow listening: listen and fill in the missing details on the grid

Name	Age	Birthday	Family size	Older sibling's age	Mother's age	Father's age
1. Andréa	12	20 June	5	16	39	41
2. Philippe	14	14 Dec	5	18	42	44
3. Sophie	11	15 Sep	4	21	43	46
4. Éric	13	9 Aug	5	15	39	40
5. Myriam	28	31 Jul	6	31	56	55

Unit 6. Talking about my family + Counting to 100: VOCAB BUILDING

1. Complete with the missing word

1. Dans ma **famille** j'ai   2. Il y a **cinq** personnes   3. Mon **grand-père**, Claude

4. Mon grand-père **a** quatre-vingts ans   5. Ma **mère** Éliane   6. Elle **a** cinquante ans

2. Match

seize – 16   douze – 12   vingt-et-un – 21   dix – 10   trente-trois – 33   treize – 13

quarante-huit – 48   cinquante-deux – 52   cinq – 5   quinze – 15

3. Translate into English

a. I get along badly with   b. My grandmother, Thérèse   c. My uncle   d. There are four people   e. In my family

f. I get along well with   g. My father   h. She is twenty years old

4. Add the missing letter

a. famille   b. j'ai   c. personnes   d. grand-père   e. frère   f. grand   g. mère   h. cousin   i. je m'entends   j. bien

k. quinze   l. dix

5. Broken words

a. Il y a six personnes dans ma famille   b. Ma sœur a douze ans   c. Dans ma famille j'ai

d. Mon cousin s'appelle Sylvain   e. Mon père a cinquante-cinq ans   f. Je m'entends mal avec mon grand frère

6. Complete with a suitable word

a. Dans ma famille   b. Il y a trois personnes   c. Ma petite/grande sœur   d. Elle a quatorze ans

e. Ma mère, Gisèle a trente-cinq ans   f. Je m'entends bien/mal avec mon père

g. Il y a quatre personnes dans ma famille   h. Je m'entends bien avec ma grand-mère

i. Je m'entends bien/mal avec mon oncle

Unit 6. Talking about my family + Counting to 100: VOCAB DRILLS

1. Match

dans ma – in my   famille – family   il y a – there are   sept – seven

je m'entends bien – I get on well   avec – with

2. Complete with the missing word

a. Il y a cinq personnes   b. Mon père, Jean, a soixante ans   c. Je m'entends bien avec mon oncle

d. Je m'entends mal avec mon cousin   e. Ma tante, Gisèle, a quarante ans   f. Il a dix-huit ans

g. Elle a vingt-six ans   h. Ma grand-mère, Adèle, a quatre-vingts ans

3. Translate into English

a. He is nine b. She is forty c. My father is 44 d. I get on badly with my uncle

e. I get on well with my brother f. My younger sister is five g. There are 8 people in my family

h. In my family there are six people

4. Complete with the missing letters

a. Mon grand frère b. Dans ma famille il y a trois personnes c. Mon cousin a dix-huit ans

d. Je m'entends très mal avec mon frère e. Mon oncle a quarante ans f. Je m'entends très bien avec ma cousine

g. Mon cousin a quinze ans h. Je m'entends assez bien avec elle

5. Translate into French

a. Dans ma famille b. Il y a c. Mon père d. a Quarante ans e. Je m'entends bien f. Avec

6. Spot and correct the errors

a. Dans ma famille il y a trois personne**s** b. Ma grand-**m**ère Adèle c. Mon frère **a** neuf ans

d. Je m'entends **mal** avec mon cousin e. Mon cousin a **huit** ans f. Mon **grand** frère, David

Unit 6. Talking about my family. Counting to 100: TRANSLATION

1. Match up
Vingt – 20 Trente – 30 Quarante – 40 Cinquante – 50 Soixante – 60 Quatre-vingts – 80 Quatre-vingt-dix – 90
Cent – 100 Soixante-dix – 70

2. Write out in French
a. trente-cinq b. soixante-trois c. quatre-vingt-neuf d. soixante-quatorze
e. quatre-vingt-dix-huit f. cent g. quatre-vingt-deux h. vingt-quatre i. dix-sept

3. Write out with the missing number
a. J'ai vingt-et-un ans b. Mon père a cinquante-sept ans c. Ma mère a quarante-huit ans
d. Mon grand-père a cent ans e. Mon oncle a soixante-deux ans f. Ils ont quatre-vingt-dix ans
g. Mes cousins ont quarante-quatre ans h. Elle a soixante-dix ans?

4. Correct the translation errors
a. Mon père a **quarante** ans b. Ma mère a cinquante-**deux** ans c. Nous avons quarante-**deux** ans
d. J'ai quarante-**et**-un ans e. Ils ont trente-**quatre** ans

5. Translate into French (please write out the numbers in letter)
a. Dans ma famille, il y a quatre personnes b. Ma mère s'appelle Susanne et elle a quarante-trois ans
c. Mon père s'appelle Pierre et il a quarante-huit ans d. Ma sœur aînée s'appelle Julie et elle a trente-et-un ans
e. Ma sœur cadette s'appelle Amandine et elle a dix-huit ans f. Je m'appelle Alice et j'ai vingt-sept ans
g. Mon grand-père s'appelle Anthony et il a quatre-vingt-sept ans

Unit 6. Talking about my family + Counting to 100: WRITING

1. Spot and correct the spelling mistakes
a. quarante b. trente-**et**-un c. quatre-**vingt**-deux d. vingt-et-un e. quatre-vingt-dix f. **c**ent g. soixante-dix h. **seize**

2. Complete with the missing letters
a. Ma mère a quarante ans b. Mon père a cinquante-et-un ans c. Mes grands-parents ont quatre-vingts ans
d. Mon petit frère a vingt ans e. Ma grand-mère a quatre-vingt-dix ans f. Mon grand frère a trente ans

3. Rearrange the sentence below in the correct word order
a. Dans ma famille il y a quatre personnes b. Je m'entends bien avec mon frère c. Mon père qui s'appelle Michel
a cinquante-deux ans d. Dans ma famille il y a trois personnes: ma mère, mon père et moi
e. Mon cousin, qui s'appelle Yoan, a trente-sept ans f. Mon grand-père, qui s'appelle Fernand, a quatre-vingt-
sept ans

4. Complete
a. dans ma famille b. il y a c. qui s'appelle d. ma mère
e. mon père f. il a cinquante ans g. j'ai soixante ans h. il a quarante ans

5. Write a relationship sentence for each person as shown in the example
Paul: Mon meilleur ami s'appelle Paul et il a quinze ans. Je m'entends très bien avec lui.
Benoît: Mon père s'appelle Benoît et il a cinquante-sept ans. Je ne m'entends pas bien avec lui.
Martine: Ma mère s'appelle Martine et elle a quarante-cinq ans. Je m'entends très mal avec elle.
Antoinette: Ma tante s'appelle Antoinette et elle a soixante ans. Je m'entends bien avec elle.
André: Mon oncle s'appelle André et il a soixante-sept ans. Je ne m'entends pas bien avec lui.
Michel: Mon grand-père s'appelle Michel et il a soixante-quinze ans. Je m'entends très bien avec lui.

TERM 2 – BRINGING IT ALL TOGETHER – 6

1. Find the French equivalent in paragraph 1
a. I am from: Je suis de
b. But: Mais
c. I live: J'habite
d. Today: Aujourd'hui
e. I feel: Je me sens
f. Happy: Contente
g. Later on: Plus tard
h. I am going: Je vais
i. Kind: Gentille
j. Gives me: Me donne

2. Complete the statements below about Laure's family based on paragraphs 2 and 3
a. In Laure's family there are **5** people
b. Her younger sister is called **Julie**
c. Lily is their **dog** and she is **white**
d. Her grandparents are very patient and **kind**
e. Julio loves to **play the guitar**
f. He is **13** years old and is very **funny**

3. Answer the following questions (in English) about paragraph 4
a. On the outskirts   b. It is not very modern and there aren't shops and restaurants nearby   c. Flowers
d. The garden   e. To skate   f. They both like to skate

4. Answer the following questions on paragraph 5 (in French) as if you were Laure
a. Mon école est petite   b. Elle est dans mon quartier   c. Car les professeurs sont gentils et patients
d. Car elle est un peu impatiente   e. Les maths car j'aime résoudre des problèmes et j'ai des amis en classe

5. Arrange the following information in the same order as it occurs in the text

Léa's birthday is on 3rd April	2
Her grandparents are very kind	6
Her name is Léa and she is 10	1
Her brother always helps her	8
There aren't many restaurants in her area	10
Léa lives in Germany	3
There is a park near her house	11
Her school is small	13
Léa gets on well with her mother	4
In her free time she goes skating	12
They live in a big house	9
They have a white dog	5
Her older brother loves painting	7

6. Identify the false statements about her school (last paragraph) and correct them
a. Léa's school is **small**   b. Léa **likes** her teachers   c. Léa has **many** friends in the school
d. Léa doesn't get on well with her **English** teacher   e. Her English teacher always **shouts** at her
f. Léa likes art – Correct   g. Léa is quite a creative person – Correct   h. She loves to **draw** animals

7. Circle and translate into English the 5 words on the list below which are found in Léa's text
a. **trop** - too
b. à côté
c. loin
d. **pour** - to
e. par
f. **alors que** - while
g. **plus tard** – later on
h. jamais
i. **toujours** - always

8. The following phrases have been copied incorrectly from Léa's text. Can you fix them?
a. Pendant **mon** temps libre
b. Je n'aime **pas** ma maison
c. Ma meilleure ami**e**
d. Ma **matière** préférée
e. Avec **beaucoup** d'arbres
f. J'ai beaucoup d'ami**s**
g. Mon frère **aîné**
h. Dessiner des **animaux**

TRANSCRIPTS: Unit 7 – Describing hair and eyes

1. Fill in the blanks

a. J'ai **les** cheveux **roux**.   b. Mon frère **a** les cheveux **noirs**.   c. J'ai **les** yeux **bleus**.
d. Anthony **a** les **cheveux** blonds et les yeux **verts**. e. **Ma** sœur **porte** des lunettes.
f. J'ai **les cheveux** courts et en **épis**.   g. J'ai les **yeux** marron et **j'ai** une barbe.

2. Break the flow

a. J'ai les cheveux noirs et raides.   b. Il a de grands yeux bleus.

c. Elle a les cheveux noirs et mi-longs.   d. Il a les cheveux châtains, longs et frisés.

e. Je n'ai pas de cheveux.   f. Elle a les yeux noirs, et elle porte des lunettes.

g. Tu as les yeux marron et tu as une moustache.

3. Arrange in the correct order

Je m'appelle François - Je suis de Valence en France - J'ai douze ans - Mon anniversaire est le trente mars -
J'ai les yeux noirs - J'ai les cheveux noirs, raides et courts - J'ai un frère - Il a quinze ans -
Son anniversaire est le quatorze mars - Il a les cheveux blonds et les yeux verts

4. Spot the intruders: identify the word in each sentence the speaker is NOT saying

a. J'ai les cheveux longs.

b. Elle a les cheveux longs.

c. Mon père a les cheveux courts.

d. Ma mère a les cheveux longs.

e. Mon frère a les cheveux blonds.

f. Ma sœur a les cheveux en épis.

5. Listen, spot and correct the errors

a. Je m'appelle **Sylvie**.

b. J'ai **dix-sept** ans.

c. Je viens d'**Allemagne**.

d. ...mais j'habite en **Irlande**.

e. J'ai les cheveux **noirs** et les yeux marron.

f. J'ai les cheveux longs et **frisés**.

g. Ma meilleure amie, Catherine, a **quinze** ans.

h. Elle est belle. Elle a les cheveux blonds, très longs et **ondulés**.

i. Elle a les yeux **bleus** et elle porte des lunettes.

6. Fill in the blanks

a. J'ai les cheveux en ép**is**.   b. J'ai les cheveux chât**ains**.

c. J'ai les yeux n**oirs**.   d. J'ai les cheveux lo**ngs**.

e. J'ai les yeux bl**eus**.   f. Je ne porte pas de lu**nettes**.

g. Je n'ai pas de mou**stache**.   h. J'ai une bar**be**.

i. Mon père **a** une moustache.   j. Mon frère a les yeux gr**is**.

7. Narrow listening: gapped translation

Je m'appelle Véronique, j'ai **15** ans. Mon anniversaire est le **12 janvier.** Dans ma famille, il y a **5** personnes:
mon père, ma mère et mes deux **sœurs.** Ma mère a les cheveux **châtains**, **longs** et frisés. Elle a les yeux **bleus.**
Mon père a les cheveux gris, **courts** et raides. Il a les yeux **marron.** Mes deux sœurs ont les cheveux **blonds,**
longs et raides. Elles ont toutes les deux les yeux **verts.** Moi, j'ai les cheveux châtains **très courts.** Cependant,
avant, j'avais les cheveux **longs.**

8. Listening slalom

(1) Exemple: Je m'appelle Marcel. Je suis de Bruxelles, mais je vis à Londres en Angleterre. Je suis fils unique et j'ai les cheveux châtains, longs et frisés. J'ai les yeux bleus.

(2) Je m'appelle Alice. Je suis de Saint-Étienne, mais j'habite à Dakar au Sénégal. J'ai deux frères. J'ai les cheveux noirs, courts et en épis. J'ai les yeux verts.

(3) Je m'appelle Magalie. Je suis de Grenoble, mais je vis à Rome en Italie. J'ai un frère et une sœur. J'ai les cheveux blonds, mi-longs et raides. J'ai les yeux gris.

(4) Je m'appelle Kevin. Je suis de Valence, mais j'habite à Paris. J'ai un frère. J'ai les cheveux bruns, courts et ondulés. J'ai les yeux bleus.

(5) Je m'appelle Jean-Claude. Je suis de Bayonne, mais j'habite à Madrid en Espagne. J'ai une sœur. J'ai les cheveux roux, longs et raides. J'ai les yeux marron.

9. Fill in the grid

(1) Je m'appelle Matéo. J'ai 12 ans et mon anniversaire est le 13 août. J'ai un frère et une sœur. J'ai les cheveux blonds, courts et frisés. J'ai les yeux marron.

(2) Je m'appelle Philippe. J'ai 15 ans et mon anniversaire est le 20 juin. J'ai une sœur. J'ai les cheveux noirs, longs et ondulés. J'ai les yeux verts.

(3) Je m'appelle André. J'ai 16 ans et mon anniversaire est le 15 janvier. J'ai deux frères. J'ai les cheveux châtains, courts et raides. J'ai les yeux bleus.

(4) Je m'appelle Éric. J'ai 10 ans et mon anniversaire est le 8 mars. J'ai trois sœurs. J'ai les cheveux bruns, courts et en épis. J'ai les yeux marron.

(5) Je m'appelle Mélanie. J'ai 11 ans et mon anniversaire est le 25 décembre. J'ai un frère. J'ai les cheveux roux, courts et raides. J'ai les yeux marron.

(6) Je m'appelle Alain. J'ai 14 ans et mon anniversaire est le 19 mai. Je suis fils unique. J'ai les cheveux blonds, courts et frisés. J'ai les yeux gris.

ANSWERS: Unit 7 – Describing hair and eyes

Unit 7. Describing hair and eyes: LISTENING

1. Fill in the blanks

a. J'ai **les** cheveux **roux**.

b. Mon frère **a** les cheveux **noirs**.

c. J'ai **les** yeux **bleus**.

d. Anthony **a** les **cheveux** blonds et les yeux **verts**.

e. **Ma** sœur **porte** des lunettes.

f. J'ai **les cheveux** courts et en **épis**.

g. J'ai les **yeux** marron et **j'ai** une barbe.

2. Break the flow

a. J'ai les cheveux noirs et raides.

b. Il a de grands yeux bleus.

c. Elle a les cheveux noirs et mi-longs.

d. Il a les cheveux châtains, longs et frisés.

e. Je n'ai pas de cheveux.

f. Elle a les yeux noirs, et elle porte des lunettes.

g. Tu as les yeux marron et tu as une moustache.

3. Arrange in the correct order

Je m'appelle François - Je suis de Valence en France - J'ai douze ans - Mon anniversaire est le trente mars - J'ai les yeux noirs - J'ai les cheveux noirs, raides et courts - J'ai un frère - Il a quinze ans - Son anniversaire est le quatorze mars - Il a les cheveux blonds et les yeux verts

4. Spot the intruders: identify the word in each sentence the speaker is NOT saying

a. Très   b. Mi-   c. Assez

d. N'... pas   e. Cadet   f. Noirs

5. Listen, spot and correct the errors

a. Je m'appelle **Sylvie**.
c. Je viens d'**Allemagne**.
e. J'ai les cheveux **noirs** et les yeux marron.
g. Ma meilleure amie, Catherine, a **quinze** ans.
ondulés.
i. Elle a les yeux **bleus** et elle porte des lunettes.

b. J'ai **dix-sept** ans.
d. ...mais j'habite en **Irlande**.
f. J'ai les cheveux longs et **frisés**.
h. Elle est belle. Elle a les cheveux blonds, très longs et

6. Fill in the blanks

a. J'ai les cheveux en ép**is**.
c. J'ai les yeux no**irs**.
e. J'ai les yeux bl**eus**.
g. Je n'ai pas de mou**stache**.
i. Mon père **a** une moustache.

b. J'ai les cheveux chât**ains**.
d. J'ai les cheveux lo**ngs**.
f. Je ne porte pas de lu**nettes**.
h. J'ai une bar**be**.
j. Mon frère a les yeux gr**is**.

7. Narrow listening: gapped translation

My name is Véronique, I am **15** years old. My birthday is on the **12** of **January**. In my family there are **5** people: my father, my mother and my two **sisters**. My mother has **brown** hair, **long** and curly. She has **blue** eyes. My father has grey hair, **short** and straight. He has **brown** eyes. My two sisters have **blond** hair, long and straight. They both have **green** eyes. I have light brown, **very short** hair. However, before, I used to have **long** hair.

8. Listening slalom

1. Marcel	2. Alice	3. Magalie	4. Kevin	5. Jean-Claude
Name: Marcel	Name: Alice	Name: Magalie	Name: Kevin	Name: Jean-Claude
From Brussels	Saint-Étienne	From Grenoble	From Valence	From Bayonne
Lives in London, UK	Lives in Dakar, Senegal	Lives in Rome, Italy	Lives in Paris	Lives in Madrid, Spain
Only child	2 brothers	1 brother, 1 sister	1 brother	1 sister
Brown, long, curly hair	Black, short, spiky hair	Blond, medium length and straight hair	Dark brown, short, wavy hair	Redhead, long and straight hair
Blue eyes	Green eyes	Grey eyes	Blue eyes	Brown eyes

9. Fill in the grid

Name	Age	Birthday	Siblings	Hair (3 details)	Eyes
1. Matéo	12	**13th August**	one brother, one sister	**blond, short, curly**	brown
2. Philippe	15	20th June	**one sister**	black, long, wavy	**green**
3. André	16	**15th Jan**	two brothers	**brown, short, straight**	blue
4. Éric	10	8th March	**three sisters**	brown, short, spiky	**brown**
5. Mélanie	11	**25th Dec**	one brother	**redhead, short, straight**	brown
6. Alain	14	19th May	**only child**	blond, short, curly	**grey**

Unit 7. Describing hair and eyes: VOCABULARY BUILDING

1. Complete with the missing word
a. **châtains** b. b**londs** c. **barbe** d. **bleus** e. **lunettes** f. m**i-longs** g. n**oirs** h. **roux**

2. Match up
les cheveux châtains – light brown hair   **les cheveux noirs** – black hair   **les cheveux blonds** – blond hair
les yeux noirs – black eyes   **les lunettes** – glasses   **une moustache** – moustache
les yeux bleus – blue eyes   **les yeux verts** – green eyes   **les cheveux courts** – short hair
les cheveux longs – long hair   **les cheveux roux**– red hair

3. Translate into English
a. curly hair   b. blue eyes   c. I wear glasses d. blond hair e. green eyes f. red hair g. black eyes
h. black hair

4. Add the missing letter
a. long   b. lunettes   c. cheveux   d. barbe   e. bleu   f. en **é**pis
g. fris**és**   h. **r**aides   i. noir   j. mi-longs   k. yeu**x**   l. je p**o**rte

5. Broken words
a. J'**ai** le**s** c**heveux** fri**sés** b. Je **porte** des **lunettes** c. J'ai les c**heveux courts** d. Je n'**ai pas** de **moustache**
e. J'ai le**s** yeux marron   f. **J'**ai u**ne barbe**   g. J'ai h**uit** ans   h. Je m'**appelle** Marie   i. **J'ai neuf ans**

6. Complete with a suitable word
a. J'ai dix **ans**   b. J'ai **une** barbe   c. Je m'**appelle** Anthony   d. J'ai **(number)** ans   e. J'ai les cheveux
(colour)   f. Je porte des **lunettes**   g. J'ai les **yeux** marron   h. J'ai **les** cheveux noirs   i. Je n'ai **pas** de
moustache   j. **J'ai** les cheveux longs   k. **Je** m'appelle Pierre   l. J'ai quinze **ans**   m. J'ai les yeux
(colour)

Unit 7. Describing hair and eyes: READING

1. Find the French
a. je m'appelle   b. à   c. je porte des lunettes   d. mon anniversaire est
e. le dix   f. j'ai   g. raides   h. noirs   i. les yeux

2. Answer the following questions about Irène's text
a. 15   b. Gabon   c. red   d. wavy   e. long   f. blue   g. 15th December

3. Complete with the missing words
Je m'appelle Pierre. **J'ai** dix ans et j'**habite** à Dakar, la **capitale** du Sénégal. J'ai les **cheveux** blonds, raides et
courts et les **yeux** verts. Je **porte** des lunettes. Mon anniversaire **est** le huit avril.

4. Answer the questions below about all five texts
a. Céline   b. Céline   c. Céline   d. 6 people wear glasses   e. Irène   f. Céline   g. Paul   h. Alexandre

Unit 7. Describing hair and eyes: TRANSLATION

1. Faulty translation: spot and correct (in the English) any translation mistakes you find below

a. I have blond hair

b. She has blue eyes

c. I have a beard

d. He is called Pierre

e. He has shaved hair

f. I have green eyes

g. I live in Paris

2. From French to English

a. I have blond hair   b. I have black eyes   c. He has straight hair   d. He wears glasses and has a beard

e. I have a moustache   f. I wear sunglasses   g. I don't have a beard   h. I have curly hair   i. I have long hair

3. Phrase-level translation

a. Les cheveux blonds   b. Je m'appelle   c. J'ai   d. Les yeux bleus   e. Les cheveux raides   f. Il a
g. Dix ans   h. J'ai les yeux noirs   i. J'ai neuf ans   j. Les yeux marron   k. Les cheveux noirs   l. Elle a

4. Sentence-level translation

a. Je m'appelle Marc. J'ai dix ans. J'ai les cheveux noirs et frisés et les yeux bleus.

b. J'ai douze ans. J'ai les yeux verts et les cheveux blonds, et raides.

c. Je m'appelle Anne. J'habite à Marseille. J'ai les cheveux longs, blonds et les yeux marron.

d. Je m'appelle Pierre. J'habite à Lyon. J'ai les cheveux noirs, très courts et ondulés.

e. J'ai quinze ans. J'ai les cheveux noirs, frisés, longs et les yeux verts.

f. J'ai treize ans. J'ai les cheveux roux, longs, raides et les yeux marron.

Unit 7. Describing hair and eyes: WRITING

1. Split sentences
a. J'ai les cheveux **blonds**   b. J'ai une **barbe**   c. J'ai **les yeux verts**   d. J'ai **les cheveux noirs**
e. J'ai les cheveux noirs **et frisés**   f. Je m'appelle **Martine**   g. J'ai dix **ans**

2. Rewrite the sentences in the correct order
a. J'ai les cheveux frisés   b. Je n'ai pas de barbe   c. Je m'appelle Richard
d. J'ai les cheveux roux   e. Mon frère s'appelle Paul

3. Spot and correct the grammar and spelling errors
a. J'ai les **yeux** noirs   b. Mon frère **s'appelle** Anthony   c. Elle a **les** cheveux frisés   d. Elle **s'appelle** Martine
e. J'ai quatorze an**s**   f. J'ai les **cheveux raides**   g. J'ai **les** yeux verts   h. J'ai **une barbe**
i. Je porte **des lunettes**   j. Je n'ai pas **de** moustache

4. Anagrams
a. yeux b. barbe c. noirs d. ans e. bleus f. roux g. frisés h. verts

5. Guided writing: write 4 short paragraphs in the first person singular ['I'] each describing the people below
Louis: Je m'appelle Louis. J'ai douze ans. J'ai les cheveux bruns, frisés et longs. J'ai les yeux verts et je porte des lunettes. Je n'ai pas de barbe, mais j'ai une moustache.
Anne: Je m'appelle Anne. J'ai onze ans. J'ai les cheveux blonds, raides et courts. J'ai les yeux bleus et je ne porte pas de lunettes. Je n'ai pas de barbe et de moustache.
Alex: Je m'appelle Alex. J'ai dix ans. J'ai les cheveux roux, ondulés et mi-longs. J'ai les yeux noirs et je porte des lunettes. J'ai une barbe, mais je n'ai pas de moustache.

6. Describe this person in the third person
Il s'appelle Georges. Il a quinze ans. Il a les cheveux noirs, frisés et très courts. Il a les yeux marron. Il ne porte pas de lunettes, mais il a une barbe.

TERM 2 – BRINGING IT ALL TOGETHER – 7

1. Complete the following translation of the first paragraph
My name is Angela and I am **18** years old. My birthday is on the **25th** July. I am **from** Gibraltar. I live here with my **family** and my **cat**, Mr. Whiskers. Today I am very **happy** because it is my **cat's birthday**. Later I am going to go to **the beach** with my **parents** and my **brother** Charles. I love **swimming** in the **sea** with him.

2. Answer (in English) the questions below on paragraphs 2, 3 and 4
a. Angela's mother   b. Monsieur Moustache (Mr. Whiskers)   c. The dad, Lucas   d. Monsieur Moustache (Mr. Whiskers), the cat   e. The younger sister, Rose   f. Her chemistry teacher   g. She thinks it's not useful

3. Find the 9 mistakes in the following translation of paragraph 5

I live with my family and **Mr.** Whiskers (the **cat** is really part of the family) in a small flat in a quite **modern** building in the **centre** of Gibraltar. I love my flat because it's **pretty** and I have a lot of **books** in my bedroom. There are many beautiful **beaches** in Gibraltar. I **always** go to the beach by bus with my best friend, Simone. My favourite **beach** is called *la Caleta*.

4. Find the French equivalent for the items below in paragraphs 5 & 6

a. Un petit appartement   f. J'aime me reposer
b. J'ai beaucoup de livres   g. J'aime sortir
c. Il y a beaucoup de...   h. En centre-ville
d. Belles plages   i. J'adore la nourriture italienne
e. Ma plage préférée   j. Mon plat préféré

TRANSCRIPTS: Unit 8 - Describing myself and another family member

1. Multiple choice quiz: select which adjective you hear

1. Mon père est généreux. 2. Ma mère est intelligente. 3. Ma sœur aînée est grande. 4. Ma sœur cadette est belle. 5. Mon frère est sympa. 6. Mon cousin Paul est fort. 7. Ma cousine Marie est ennuyeuse. 8. Mon grand-père est méchant. 9. Ma grand-mère est amusante. 10. Ma petite amie est musclée.

2. Split sentences: listen and match

1. Mon cousin Didier est très méchant. 2. Mon amie Sylvie est grande. 3. Morgan est amusant. 4. Mon frère Kevin est petit. 5. Mon amie Marine est musclée. 6. Ma cousine Ariane est moche. 7. Mon ami Éric est fort. 8. Mon ami Paul est têtu. 9. Ma sœur Adeline est ennuyeuse. 10. Mon ami Manu est beau.

3. Spot the intruders: identify the word in each sentence the speaker is NOT saying

a. Mon frère est beau.   b. Mon oncle a quarante ans. Il est assez marrant.
c. Je m'entends très bien avec mon père parce qu'il est généreux.   d. Mon cousin Yann n'est pas grand.
e. Ma sœur est de taille moyenne.   f. Ma petite amie est bavarde.

4. Spot the differences and correct your text

a. Ma **mère** est très patiente.   b. Ma mère est très **travailleuse**.
c. Dans ma famille, il y a cinq personnes: ma mère, mon **beau**-père, mes deux frères et moi.
d. Comment **ça va**?   e. Mon oncle a soixante-**dix** ans, mais il est très **fort**.
f. Je m'entends mal avec mes parents, surtout avec ma mère car elle est très **stricte**.
g. Dans ma famille, nous sommes tous **grands**.

5. Categories: listen to the words below and classify them in positive and negative

1. Intelligent 2. Beau 3. Stupide 4. Sympa 5. Moche 6. Antipathique 7. Marrant 8. Méchant 9. Ennuyeux 10. Amusant 11. Patient 12. Généreux 13. Impatient 14. Égoïste 15. Paresseux 16. Travailleur

6. Faulty translation: spot and correct the translation errors

(a) Je m'appelle Jean-Paul. J'ai 14 ans. J'ai les cheveux blonds et les yeux verts. Je suis petit, musclé et très beau. Je suis sympa, bavard et assez marrant.
(b) Ma mère s'appelle Patricia. Elle a 40 ans. Elle est grande, mince et très belle. Elle est généreuse, mais un peu stricte.
(c) Mon père s'appelle Robert. Il a 63 ans. Il est ni grand, ni petit. Il est assez moche. Il est très généreux, sympa et patient.
(d) Ma sœur s'appelle Carla. Elle a 16 ans. Elle est assez grande et grosse. Elle est antipathique et têtue. Elle est aussi assez impatiente et paresseuse.

7. Listen and complete with the correct masculine or feminine ending

a. Elle est très **grandE**   b. Ils sont très **MéchantS**
c. Ma mère et mon père sont très **paresseuX**   d. Je suis **petitE** et **patientE**
e. Tu es si **amusanT**!   f. Elles sont **méchantES**!
g. Leurs **fiLLES** sont très **grosSES**   h. Mes **fiLS** sont très **travailleurS**
i. Tu es si **marrantE**!

8. Listening slalom: follow the speaker from top to bottom and number the boxes accordingly

(1) Je m'appelle Naomi. J'ai 17 ans et je suis grande et mince. Mon petit frère est grand et fort. Je m'entends bien avec lui parce qu'il est patient et serviable. Il est aussi très généreux et sympa.
(2) Je m'appelle Anne et j'ai 12 ans. Je ne suis pas très grande. Ma sœur aînée est petite et mince. Je l'aime beaucoup, car elle est marrante et aimable.
(3) Je m'appelle Manuela et j'ai 15 ans. Je ne suis ni grande, ni petite. Mon frère cadet est petit et mince. Je m'entends bien avec lui car il est aimable et positif. En plus, il est très marrant.
(4) Je m'appelle Kevin et j'ai 18 ans. Je suis grand et gros. Mon frère aîné est petit et mince. Je ne m'entends pas bien avec lui car il est méchant et têtu.
(5) Je m'appelle Jean-Charles et j'ai 13 ans. Je suis petit et mince. Ma sœur aînée est petite et très belle. Je l'aime parce qu'elle est généreuse et marrante.

9. Narrow listening: fill in the grid
(1) Je m'appelle Philippe. Mon frère aîné s'appelle Jules et il a 18 ans. Son anniversaire est le 20 juin. Il est paresseux et moche!
(2) Je m'appelle Andréa. Ma sœur aînée s'appelle Lucie et elle a 17 ans. Son anniversaire est le 30 décembre. Elle est ennuyeuse, mais jolie.
(3) Je m'appelle Éric. Ma sœur aînée s'appelle Marta et elle a 19 ans. Son anniversaire est le 22 avril. Elle est méchante et grosse.
(4) Je m'appelle Mélanie. Ma sœur aînée s'appelle Caroline et elle a 21 ans. Son anniversaire est le premier janvier. Elle est marrante et grande.

ANSWERS: Unit 8 - Describing myself and another family member

Unit 8. Describing myself and other family members: LISTENING

1. Multiple choice quiz: select which adjective you hear

1. generous   2. intelligent   3. tall   4. pretty   5. nice
6. strong   7. boring   8. mean   9. fun   10. muscular

2. Split sentences: listen and match

1. Didier – Mean   2. Sylvie – Tall   3. Morgan – Fun   4. Kevin – Short
5. Marine – Muscular   6. Ariane – Ugly   7. Éric – Strong   8. Paul – Stubborn
9. Adeline – Boring   10. Manu – Handsome

3. Spot the intruders: identify the word in each sentence the speaker is NOT saying

a. Mon frère est **très** beau.　　　b. Mon oncle **Paul** a quarante ans. Il est assez marrant.
c. Je m'entends très bien avec mon père parce qu'il est **assez** généreux.
d. Mon cousin Yann n'est pas **très** grand.　　　e. Ma sœur est de **la** taille moyenne.
f. Ma petite amie est **trop** bavarde.

4. Spot the differences and correct the text

a. Ma **mère** est très patiente.　b. Ma mère est très **travailleuse**.
c. Dans ma famille, il y a cinq personnes: ma mère, mon **beau**-père, mes deux frères et moi.
d. Comment **ça va**?　e. Mon oncle a soixante-**dix** ans, mais il est très **fort**.
f. Je m'entends mal avec mes parents, surtout avec ma mère car elle est très **stricte**.
g. Dans ma famille, nous sommes tous **grands**.

5. Categories: listen to the words below and classify them in positive and negative

ADJECTIFS POSITIFS	ADJECTIFS NEGATIFS
Intelligent	Stupide
Beau	Moche
Sympa	Antipathique
Marrant	Méchant
Amusant	Ennuyeux
Patient	Impatient
Généreux	Égoïste
Travailleur	Paresseux

6. Faulty translation: spot and correct the translation errors

a. My name is Jean Paul. I am **14** years old. I have **blond** hair and green eyes. I am **short**, muscular and **very** good-looking. I am **nice**, talkative and quite **funny**.

b. My mother is called Patricia. She is **40** years old. She is **tall**, slim and very **pretty**. She is generous, but a bit **strict**.

c. My father is called Robert. He is **63** years old. He is neither tall nor short. He is quite **ugly**. He is very generous, **nice** and patient.

d. My sister is called Carla. She is **16**. She is quite tall and **fat**. She is unfriendly and **stubborn**. She is also quite **impatient** and lazy.

7. Listen and complete with the correct masculine or feminine ending

a. Elle est très **grandE**　　　　b. Ils sont très **méchantS**
c. Ma mère et mon père sont très **paresseuX**　　d. Je suis **petitE** et **patientE**
e. Tu es si **amusanT**!　　　　f. Elles sont **méchantES**!
g. Leurs fiLLES sont très **grosSES**　　h. Mes fiLS sont très **travailleurS**
i. Tu es si **marrantE**!

8. Listening slalom: follow the speaker from top to bottom and number the boxes accordingly

1. Naomi	2. Anne	3. Manuela	4. Kevin	5. Jean-Charles
My name is Naomi	My name is Anne	My name is Manuela	My name is Kevin	My name is jean-Charles
I am 17 years old	I am 12 years old	I am 15 years old	I am 18 years old	I am 13 years old
I am tall and slim	I am not very tall	I am neither tall nor short	I am tall and fat	I am short and slim
My younger brother is tall and strong	My older sister is short and slim	My younger brother is short and slim	My older brother is short and slim	My older sister is short and very pretty
I get along well with him	I like her a lot	I get along well with him	I don't get along with him	I like her
because he is patient and helpful	because she is fun	because he is likeble and positive.	because he is mean	because she is generous
he is also very generous and kind.	and likeable.	Furthermore, he is very funny.	and stubborn	and funny

9. Narrow listening: fill in the grid

Name	Name of older sibling	Age of older sibling	Birthday of older sibling	Character of older sibling	Appearance of older sibling
1. Philippe	Jules	18	20th June	Lazy	Ugly
2. Andréa	Lucie	17	30th Dec	Boring	Pretty
3. Éric	Marta	19	22nd April	Mean	Fat
4. Mélanie	Caroline	21	1st Jan	Funny	Tall

Unit 8. VOCABULARY BUILDING

1. Match

Je suis sympathique – I am nice
Je suis beau – I am good-looking
Je suis fort – I am strong
Je suis petit – I am short

Je suis timide – I am shy
Je suis marrant – I am fun
Je suis antipathique – I am unfriendly
Je suis grand – I am tall

Je suis têtu – I am stubborn
Je suis généreux – I am generous
Je suis mince – I am slim

2. Complete

a. Mon petit frère est **mince**
d. Je suis **musclé**

b. Mon père est **méchant**
e. Mon grand frère est **marrant**

c. Ma grande sœur est **têtue**
f. Mon ami Paul est **fort**

3. Categories: sort the adjectives below in the categories provided

Le physique: a. fort b. musclé e. belle k. gros l. moche
La personalité: c. sympathique d. têtu f. intelligente g. patiente h. timide i. généreux j. ennuyeux m. marrant

4. Complete the words

a. Je suis ennuy**eux**
e. Je suis peti**te**

b. Je suis mo**che**
f. Je suis fo**rt**

c. Je suis muscl**ée**
g. Je suis sym**pa**

d. Je suis tê**tu**
h. Je suis gr**os**

5. Translate into English

a. My big sister is generous b. My little brother is not fat c. My big brother is boring d. My mother is fun
e. I am not ugly f. I am a bit stubborn g. I am very handsome h. My friend Valentin is strong

6. Spot and correct the translation mistakes

a. ~~He is~~ I am strong b. He is ~~fat~~ slim c. I am very ~~ugly~~ pretty d. My mother is ~~short~~ tall e. My cat is ~~cute~~ ugly
f. My sister is ~~boring~~ stubborn. g. My father is ~~nice~~ mean

7. Complete

a. Ma mère   b. Mon frère   c. Mon père   d. Ma famille   e. Il est têtu   f. Ma sœur

8. English to French translation

a. Je suis forte et marrante   b. Ma mère est très têtue   c. Ma sœur est petite et mince
d. Mon frère est intelligent   e. Je suis sympa et marrante   f. Mon père est grand et gros
g. Gargamel est moche et méchant

Unit 8. Describing my family: VOCABULARY BUILDING

1. Complete with the missing word

a. Dans ma famille j'**ai**…   b. J'ai **quatre** personnes   c. Ma **mère**, Angèle
d. Je m'entends **bien** avec ma…   e. Je m'entends **mal** avec mon…   f. Mon oncle **est** très grand et…

2. Match up

ma tante – my aunt   mon grand-père – my grandad   ma mère – my mum
mon père – my dad   mon grand frère – my big bro   mon cousin – my cousin(m)
mon petit frère – my little bro   mon oncle – my uncle   ma sœur – my sister
ma cousine – my cousin(f)

3. Translate into English

a. I like my uncle   b. My cousin (f) is generous   c. She has blond hair   d. I get on well with her
e. I don't like my brother   f. I get along badly with   g. He is stubborn   h. You are laid-back

4. Add the missing letter

a. têtu   b. Je m'entends   c. sympathique   d. grand-père   e. cousin
f. petit   g. grand   h. mère   i. aussi   j. oncle
k. j'aime   l. parce que

5. Broken words

a. Dans ma famille j'ai   b. Quatre personnes   c. Ma mère est très sympa
d. Je m'entends bien avec ma mère   e. Mon oncle est très généreux
f. Je m'entends mal avec mon père   g. Ma sœur a les cheveux longs   h. Elle est têtue

6. Complete with a suitable word

a. J'ai quatre **personnes**   b. Tu **es** sympathique   c. Je **m'entends** bien
d. Elle est très **(personality or physical adjective)**   e. Il a les **cheveux** blonds
f. **J'**aime ma mère   g. Je m'entends **bien/mal** avec mon oncle
h. Elle a les cheveux noirs et **raides/courts/frisés/longs**
i. Il a les **yeux** bleus   j. Mon cousin est **très/assez** marrant
k. Ma **mère/sœur/tante/cousine** est très intelligente   l. Ma grand-mère a quatre-vingts **ans**

Unit 8. Describing my family: READING

1. Find the French for the following items in Véronique's text

a. je m'appelle b. dans le sud c. mon grand-père d. mais e. très f. mon père g. les yeux marron h. les cheveux rasés

2. Answer the following questions about Pierre's text

a. 10 b. Paris c. 8 d. uncle e. he is funny and nice f. aunt g. 5th May h. Pujos

3. Complete with the missing words

Je m'appelle Alexandra. **J'ai** dix ans et je vis **à** Biarritz. Dans ma famille, j'ai quatre **personnes**. Je **m'entends** bien avec mon grand-père car il **est** très sympa et amusant. Mon père a les **cheveux** courts et les **yeux** verts.

4. Find someone who...

a. Georges b. Emmanuel c. Pierre's aunt d. Emmanuel e. Véronique f. Charles g. Véronique's father / Emmanuel h. Pierre's aunt i. Pierre's aunt & Pierre

Unit 8. Describing my family: TRANSLATION

1. Faulty translation: spot and correct any translation mistakes (in the English) you find below

a. In my family there are **four** people

b. My mother Anne and my **brother** David

c. I get on **badly** with my father

d. My **uncle** is called Yvon

e. Yvon is very **nice** and fun

f. Yvon has **shaved** hair

2. From French to English

a. I like my grandfather

b. My grandmother is very nice

c. My cousin has shaved hair

d. I get on well with my big brother

e. I get on very badly with my (girl) cousin

f. I love my grandmother because she is generous

g. My father is nice and fun

h. I don't like my little sister

i. I get on badly with my cousin Éric because he is stupid

3. Phrase-level translation

a. Il est sympa

b. Elle est généreuse

c. Je m'entends bien avec

d. Je m'entends mal avec

e. Mon oncle est amusant

f. Mon petit frère

g. J'aime ma cousine Marie

h. Elle a les cheveux courts et noirs

i. Il a les yeux bleus

j. Je n'aime pas mon grand-père

k. Il est très têtu

4. Sentence-level translation

a. Je m'appelle Pierre Pujos. J'ai neuf ans. Dans ma famille, j'ai quatre personnes.

b. Je m'appelle Carla. J'ai les yeux bleus. Je m'entends bien avec mon frère.

c. Je m'entends mal avec mon frère parce qu'il est têtu.

d. Je m'appelle Frank. J'habite en France. Je n'aime pas mon oncle David parce qu'il est méchant.

e. J'aime beaucoup ma cousine parce qu'elle est très sympa.

f. Dans ma famille, j'ai cinq personnes. J'aime mon père, mais je n'aime pas ma mère.

Unit 8. Describing my family: WRITING

1. Split sentences

a. Mon père est sympathique

b. Ma mère est généreuse

c. Elle a les yeux verts

d. Il a les cheveux noirs

e. Je n'aime pas mon oncle

f. J'aime beaucoup ma tante

g. Je m'entends bien avec elle

2. Rewrite the sentences in the correct order

a. Dans ma famille j'ai six personnes

b. Je m'entends bien avec mon frère

c. Je n'aime pas mon oncle

d. Ma mère a les yeux bleus

e. Ma tante est sympa et amusante

3. Spot and correct the grammar and spelling errors

a. Dans ma famille j'**ai**

b. Je m'entend**s** bien avec

c. Je n'aime pas **ma** tante

d. Mon frère est **amusant**

e. Je m'entends **mal** avec

f. Mon père est **généreux**

g. Elle a les yeux bleu**s**

h. Ma sœur est très têtu**e**

i. Il a le**s** cheveu**x** rasés

j. **J'**aime beaucoup mon oncle

4. Anagrams

a. famille   b. mince   c. grosse   d. belle   e. intelligente   f. sympa   g. têtu   h. amusante

5. Guided writing: write 3 short paragraphs describing the people below in the first person

Paul: Je m'appelle Paul. J'ai douze ans. Dans ma famille, j'ai quatre personnes. J'aime ma mère parce qu'elle est très sympa. Elle a les cheveux blonds et longs. J'aime mon grand frère parce qu'il est marrant et très gentil. Je n'aime pas ma cousine Emma parce qu'elle est très méchante et égoïste.

Léon: Je m'appelle Léon. J'ai onze ans. Dans ma famille, j'ai cinq personnes. J'aime mon père parce qu'il est très amusant. Il a les cheveux noirs et courts. J'aime ma grand-mère parce qu'elle est très sympa et généreuse. Je n'aime pas mon oncle Édouard parce qu'il est têtu et moche.

Michel: Je m'appelle Michel. J'ai dix ans. Dans ma famille, j'ai trois personnes. J'aime mon grand-père parce qu'il est très marrant. Il a les cheveux très courts. J'aime ma petite sœur parce qu'elle est très gentille et timide. Je n'aime pas ma tante Caroline parce qu'elle est très forte, mais têtue.

6. Describe this person in the third person:

Mon oncle s'appelle Anthony. Il a les cheveux blonds, rasés et il a les yeux bleus. Je l'aime beaucoup. Il est grand et fort et il est sympa, marrant et généreux.

TERM 2 – BRINGING IT ALL TOGETHER – 8

1. Complete the following translation of the first paragraph

My name is Lily and I am **15** years old. My birthday is on **18th** March. I am from Berlin, the **capital** of Germany. I live here with my family. Today I am very **happy**. I am **excited** because later I am **going to go to the park** with my **best friend**, Dylan. My friend Dylan is very tall and **funny**. I love going **jogging** with him.

2. Answer (in English) the questions below on paragraphs 2, 3 and 4

a. 5   b. Sophie   c. 75   d. He paints and plays basketball   e. Marc   f. Lily's younger sister
g. She dislikes science because it's boring

3. Find the 8 mistakes in the following translation of paragraph 5

My family and I live in a flat in a modern building in the **outskirts** of Berlin. I **love** my flat because it is **bright** and **calm**. There is **park** nearby where I like to **ride the bike**. My best friend is called Élise and she, too, likes to **ride the bike** with me. We have a lot of fun **together**.

4. Find the French equivalent for the items below in paragraphs 6 and 7

a. Une petite école
b. Assez stricts
c. J'apprends beaucoup
d. J'ai des amis
e. J'adore lire
f. Pendant mon temps libre
g. Nouveaux endroits
h. Plein air
i. J'adore la glace
j. Fraise

5. Spot and circle the 8 differences between the text below and the text in paragraph 1

Je m'appelle Sophie et j'ai **treize** ans. Mon anniversaire est le vingt-trois **juillet**. Je suis de Rome, la capitale de **l'Allemagne**. J'habite ici avec ma **grand-mère**. Aujourd'hui, je suis très **en colère**. Je suis heureuse **car** plus tard, je vais aller au **centre commercial** avec ma meilleure amie, Laure. Mon amie Laure est très extravertie et amusante. J'adore **sortir** avec elle.

6. Answer the following questions about paragraphs 1, 2 and 3

a. She is feeling happy because she is going to the museum with her best friend   b. Sport   c. Sophie's cat
d. Sophie's grandmother   e. To play guitar and play football   f. Blue eyes, short hair, strong, funny, sociable

7. Complete the following translation of paragraph 4

My **cousin** Alana is very **sporty**. She has **green** eyes and long **curly** hair. She is very intelligent and **hard-working**. In school, her favourite **subject** is geography because she says that the teacher is **very good** and that she **learns** a lot in lessons. She **doesn't like** art because she says it **is not useful**.

8. Identify and correct any inaccurate statement: paragraphs 5 to 7

a. They live in a flat **in the centre of** Rome   b. Her flat is old - Correct   c. She goes jogging every **weekend**
d. Her teachers are **very intelligent and always help her**   d. She learns a lot in her history lessons – Correct
e. She enjoys going to the swimming pool with her **family**

TRANSCRIPTS: Unit 9 - Comparing people's appearance and personality

1. Multiple choice quiz: select the correct adjective

1. Je m'appelle Alex et je suis grand.   2. Je m'appelle Rose et je suis petite.   3. Je m'appelle Pascal et je suis bruyant.

4. Je suis Paul et je suis beau.   5. Je m'appelle Amélie et je suis paresseuse.

6. Je m'appelle Pierre et je suis antipathique.   7. Je m'appelle Marie et je suis forte.

8. Je suis Steven et je suis sympathique.   9. Je suis Tristan et je suis sérieux.

10. Je m'appelle Léa et je suis travailleuse.

2. Listening for detail: did you hear the masculine or the feminine form?

	MASCULINE	FEMININE
1	ennuyeux	**ennuyeuse**
2	bavard	**bavarde**
3	paresseux	**paresseuse**
4	**bruyant**	bruyante
5	généreux	**généreuse**
6	**grand**	grande
7	**sportif**	sportive
8	sérieux	**sérieuse**
9	**travailleur**	travailleuse

3. Complete with 'plus...que', 'moins...que' or 'aussi...que' as shown in the example

a. *Exemple: Ma mère est **plus** grande **que** mon père.*   b. Mon frère est **moins** sportif **que** moi.

c. Mon chat est **aussi** paresseux **que** mon chien.   d. Je suis **plus** fort **que** mon cousin.

e. Mon oncle est **moins** vieux **que** mon grand-père.   f. Mon meilleur ami est **aussi** petit **que** moi.

g. Mon oncle est **plus** gros **que** mon père.   h. Ma cousine Julie est **aussi** belle **que** ma cousine Léa.

4. Listen and fill in the middle column with the missing information in English

Exemple: Je m'appelle Anne et je suis plus grande que Philippe.

1. Je m'appelle Sylvie et je suis aussi petite qu'Alain.   2. Je m'appelle Jean et je suis plus gros que Pierre.

3. Je m'appelle Paul et je suis plus sympa que Jules.   4. Je suis Marie et je suis moins bavarde que Gérard.

5. Je suis Caroline et je suis plus paresseuse que Léa.   6. Je m'appelle Julien et je suis plus travailleur que Julie.

7. Je suis Philippe et je suis plus affectueux que Léon.   8. Je suis Dylan et je suis aussi stupide que Samuel.

9. Je suis Véronique et je suis moins sportive que Serge.

5. Spot the differences and correct your text

a. Je suis plus grand que **mon père.**   b. Mon **frère** est aussi paresseux que moi.

c. Mon meilleur ami est **moins** bavard que moi.   d. Ma sœur est **aussi** belle que ma mère.

e. Mon chien est plus bruyant que mon **chat**.   f. Ma tante est **moins** vieille que ma grand-mère.

g. Ma mère est **plus** sportive que mon frère et moi.

6. Listen, spot and correct the errors

a. Ma mère est plus **grande** que moi.   b. Mon père est plus travailleur que **moi.**

c. Mon frère aîné **est** plus fort que mon frère cadet.   d. Mon grand-père est plus **vieux** que ma grand-mère.

e. Je suis plus mince **que** mes parents.   f. Mes oncles sont **bien** plus vieux que mes parents.

g. Mes grands-parents maternels sont **aussi** vieux que mes grands-parents paternels.

h. Mes cousins **sont** plus riches que **nous.**

7. Listen and complete the translation

1. Mon père est plus grand que moi.

2. Ma mère est aussi belle que moi.

3. Mon frère aîné est plus musclé que moi.

4. Mon frère cadet est plus mince que moi.

5. Ma sœur est plus travailleuse que moi.

6. Mon oncle est plus petit que moi.

7. Ma grand-mère est plus bavarde que moi.

8. Mon meilleur ami est moins sérieux que moi.

9. Ma petite amie est plus marrante que moi.

10. Mon chien est aussi calme que moi.

8. Answer the questions below about Éric

Salut, je suis Éric. J'ai 15 ans et je vis à Calais. Il y a 5 personnes dans ma famille. Mon frère Paul est plus mince et plus sportif que mon frère Jules. Cependant, Jules est plus grand et plus fort que Paul. Je préfère mon père car il est moins strict que ma mère. Je suis aussi têtu que ma mère. J'ai beaucoup d'animaux à la maison, mais mon perroquet est le plus bavard.

9. Listening slalom: follow the speaker from top to bottom and number the boxes accordingly

(1) Ma mère est plus bavarde que mon père, aussi grande que ma sœur cadette et plus pénible que mon frère.
(2) Ma mère est aussi travailleuse que mon père, aussi sportive que moi et aussi antipathique que ma sœur cadette.
(3) Ma mère est moins affectueuse que mon père, aussi paresseuse que ma sœur aînée et moins intelligente que ses sœurs.
(4) Ma belle-mère est moins travailleuse que ma mère, moins généreuse que mon père et bien plus ennuyeuse que ma tante.

ANSWERS: Unit 9 - Comparing people's appearance and personality

Unit 9. Comparing people: LISTENING

1. Multiple choice quiz: select the correct adjective

1. Alex: tall   **2. Rose**: short   **3. Pascal**: noisy   **4. Paul**: good-looking   **5. Amélie**: lazy
6. Pierre: unfriendly   **7. Marie**: strong   **8. Steven**: friendly   **9. Tristan**: serious
10. Léa: hardworking

2. Listening for detail

	MASCULINE	FEMININE
1	ennuyeux	**ennuyeuse**
2	bavard	**bavarde**
3	paresseux	**paresseuse**
4	**bruyant**	bruyante
5	généreux	**généreuse**
6	**grand**	grande
7	**sportif**	sportive
8	sérieux	**sérieuse**
9	**travailleur**	travailleuse

3. Complete with 'plus…que', 'moins…que' or 'aussi…que' as shown in the example

*a. Exemple: Ma mère est **plus** grande **que** mon père.*

b. Mon frère est **moins** sportif **que** moi.

c. Mon chat est **aussi** paresseux **que** mon chien.

d. Je suis **plus** fort **que** mon cousin.

e. Mon oncle est **moins** vieux **que** mon grand-père.

f. Mon meilleur ami est **aussi** petit **que** moi.

g. Mon oncle est **plus** gros **que** mon père.

h. Ma cousine Julie est **aussi** belle **que** ma cousine Léa.**4.**

4. Listen and fill in the middle column with the missing information in English

1. Sylvie	is as short as	Alain
2. Jean	is fatter than	Pierre
3. Paul	is friendlier than	Jules
4. Marie	is less talkative than	Gérard
5. Caroline	is lazier than	Léa
6. Julien	is more hard-working than	Julie
7. Philippe	is more affectionate than	Léon
8. Dylan	is as silly as	Samuel
9. Véronique	is less sporty than	Serge

5. Spot the differences and correct the text

a. Je suis plus grand que **mon père.**

b. Mon **frère** est aussi paresseux que moi.

c. Mon meilleur ami est **moins** bavard que moi.

d. Ma sœur est **aussi** belle que ma mère.

e. Mon chien est plus bruyant que mon **chat**.

f. Ma tante est **moins** vieille que ma grand-mère.

g. Ma mère est **plus** sportive que mon frère et moi.

6. Listen, spot and correct the errors

a. Ma mère est plus **grande** que moi.   b. Mon père est plus travailleur que **moi.**

c. Mon frère aîné **est** plus fort que mon frère cadet.   d. Mon grand-père est plus **vieux** que ma grand-mère.

e. Je suis plus mince **que** mes parents.   f. Mes oncles sont **bien** plus vieux que mes parents.

g. Mes grands-parents maternels sont **aussi** vieux que mes grands-parents paternels.

h. Mes cousins **sont** plus riches que **nous.**

7. Listen and complete the translation

1. **My father is** taller than me

2. **My mother is** as good-looking as me

3. **My older brother is** more muscular than me

4. **My younger brother is** skinnier than me

5. **My sister is** more hardworking than me

6. **My uncle is** shorter than me

7. **My grandma is** more talkative than me

8. **My best friend is** less serious than me

9. **My girlfriend is** funnier than me

10. **My dog is** as calm as me

8. Answer the questions below about Éric

a. How old is he? **15**

b. Where does he live? **Calais**

c. How many people are there in the family? **Five**

d. Paul is **slimmer** and **sportier** than Jules

e. Jules is **taller** and **stronger** than Paul

f. Why does he prefer his father? **He is less strict**

g. He is as **stubborn** as his mother

h. Which of his pets is the most talkative? **The parrot**

9. Listening slalom: follow the speaker from top to bottom and number the boxes accordingly

1	2	3	4
My mother is more (1)	My mother is as (2)	My mother is less (3)	My stepmother is (4)
affectionate than my father, (3)	**talkative than my father, (1)**	less hard-working than my mother, (4)	hard-working as my father, (2)
as sporty as (2)	as lazy as (3)	**as tall as (1)**	less generous than (4)
my father (4)	me (2)	my older sister (3)	**my younger sister (1)**
and less (3)	and much more (4)	**and more (1)**	and as (2)
boring (4)	**annoying (1)**	unfriendly (2)	intelligent than (3)
as my younger sister (2)	her sisters (3)	than my aunt (4)	**than my brother (1)**

Unit 9. Comparing people: VOCABULARY BUILDING

1. Complete with the missing word

a. Mon père est plus grand **que** mon frère aîné

b. Ma mère est **moins** bavarde que ma **tante**

c. Mon **grand-père** est plus petit que **mon** père

d. Mes cousins sont **plus** paresseux que **nous**

e. Mon chien **est** plus **bruyant** que mon **chat**

f. Ma tante est **moins** belle que **ma** mère

g. Mon **frère** est plus **travailleur** que moi

h. Mon frère cadet est **aussi** grand **que** moi

i. Mes parents **sont** plus **affectueux** que mes oncles

2. Translate into English

a. My cousins   b. More   c. My uncle   d. My grandparents   e. My sister   f. My best friend

g. Hard-working   h. My friend (Fem)   i. Tall   j. Old   k. Stubborn   l. Lazy

3. Match French and English

travailleur – hard-working   beau – good-looking   aimable – likeable   fort – strong

sportif – sporty   vieux – old   bête – stupid

4. Spot and correct any English translation mistakes

a. He is taller than **me**   b. He is as good-looking as **us**   c. He is **more relaxed** than me

d. **We are** less fat than him   e. They are **less** short than us   f. **I am** as old as him

g. **He is** sportier than me

5. Complete with a suitable word

a. Ma mère est **moins/plus** grande **que** moi   b. **Mon** père **est** plus jeune que mon oncle

c. Mes parents sont **plus/moins** grands **que** mes grands-parents   d. **Mes** frères **sont** plus sportifs que mes cousins

e. Mon **any animal** (M) est moins bruyant **que** mon canard

f. Mes grands-parents **sont** aussi aimables **que** mes parents

g. Ma petite amie est **plus** belle qu'**une** tortue

6. Match the opposites

beau – moche   travailleur – paresseux   jeune – vieux   grand – petit

amusant – ennuyeux   faible – fort   plus – moins   mince – gros

Unit 9. Comparing people: READING

1. Find the French for the following in Georges' text

a. j'habite à   b. mes parents c. beau   d. travailleur   e. moins têtue

f. plus patiente g. mais   h. mon canard   i. deux animaux   j. très aimables

k. aussi têtu que   l. fort   m. tous deux

2. Complete the statements below based on Vinciane's text

a. I am **20** years old   b. Marina is more **pretty** than Véronique   c. Véronique is more **friendly**

d. My parents are very **warm** and **likeable**   e. I am as **playful** as my father   f. We have **two** pets

3. Correct any of the statements below [about Erwan's text] which are incorrect

a. Erwan a **deux** animaux   b. Ronan est moins gros que Périg - Correct

c. Ronan est plus faible que Périg - Correct   d. Erwan est aussi bavard que son **perroquet**

e. Erwan préfère **son père**

4. Answer the questions on the three texts above

a. Carnac   b. His mother   c. Erwan   d. Georges   e. Georges

f. Vinciane   g. Erwan   h. Ronan

i. Ronan is slimer and sportier, but Périg is taller and stronger

Unit 9. Comparing people: TRANSLATION/WRITING

1. Translate into English

a. tall   b. thin   c. small   d. fat   e. intelligent   f. stubborn   g. stupid

h. good-looking i. ugly   j. more...than   k. less...than   l. strong   m. weak

n. as...as

2. Gapped sentences

a. Ma **mère** est **plus** grande **que** ma tante   b. **Mon** père **est** plus **fort** que mon frère aîné

c. Mes **cousins** sont moins **sportifs** que nous   d. **Mon** frère est **plus** bête que **moi**

e. Ma mère **est aussi** aimable **que** mon père   f. Ma **sœur** est **plus** travailleuse que **nous**

g. Ma **petite amie** est moins **sérieuse que** moi   h. Mon **grand-père** est **plus** têtu **que** ma grand-mère

3. Phrase-level translation [En to Fr]

a. Ma mère est   b. Plus grand que   c. Aussi mince que   d. Moins têtu que

e. Je suis plus petit que   f. Mes parents sont   g. Mes cousins sont   h. Aussi gros/grosse que

i. Ils sont aussi forts que j. Mes grands-parents sont   k. Je suis aussi paresseux/paresseuse que

4. Sentence-level translation [En to Fr]

a. Ma sœur aînée est plus grande que ma sœur cadette   b. Mon père est aussi têtu que ma mère

c. Ma petite amie est plus travailleuse que moi   d. Je suis moins intelligent que mon frère

e. Mon meilleur ami est plus fort et plus sportif que moi f. Mon petit ami est plus beau que moi

g. Mes cousins sont plus moches que nous   h. Mon canard est plus bruyant que mon chien

i. Mon chat est plus marrant que ma tortue   j. Mon lapin est moins gros que mon cochon d'Inde

k. Je suis plus grand(e) que toi

TERM 2 – BRINGING IT ALL TOGETHER – 9

1. Complete the translation of paragraph 1

My name is Ninon and I am **15** years old. My birthday is on **25th August**. I am from a **small** village in Morocco which is called Agadir, but now I live with my family in Amsterdam, the capital of **the Netherlands**. Today I am **happy** because later I am going to go to the **swimming pool** to **swim** with my **best friend**, Lucas. Lucas is very **fun** and always has **good ideas**. I **love** playing tennis with him.

2. Answer the following questions about paragraphs 2 to 4

a. He is less strict than her mother   b. The grandparents   c. To play the guitar and play basketball
d. Curly   e. Daniel   f. Ninon's younger sister   g. Because maths are complicated

3. Find the French equivalent for the following in paragraphs 4 and 5

a. Ma soeur cadette   b. Les cheveux raides   c. Sa matière préférée   d. Nous habitons dans   e. Notre appartement
f. Il est toujours propre   g. Elle aime faire du vélo avec moi

4. Find the ten mistakes in the following translation of paragraph 6

I go to an **art** school in my **neighbourhood**. I like my school because the teachers are creative and **hard-working** and **encourage** us to express ourselves. Also, I **love** the **contemporary** dance class because I can **dance** freely with my **female friends**. My favourite **subject** is oil painting because I love to **mix** colours and create **impressive** works of art.

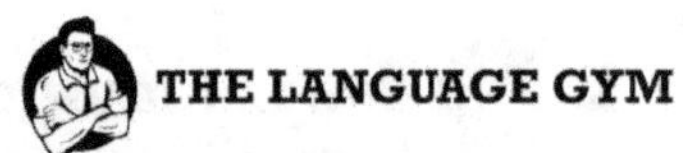

5. Find someone who...

a. Lucie   b. Lucas   c. Léon   d. The grandmother   e. Lucas   f. Lola   g. Lucie/Juliana   h. Lucie

6. Complete the sentences below

a. Today Lucie is going to go **shopping**   b. She and her mum are going to buy **a present for her brother**
c. Her mum is as **funny** as her grandmother   d. Lucas is **taller** than Lucie
e. Lola enjoys doing weights and **playing basketball**   f. Lucie's house is old but **spacious**
g. Lucie's house is not too clean at times because **they have a big dog**
h. Juliana also enjoys **swimming in the lake**   i. Lucie enjoy her history lessons because her teacher **explains well**
j. Lucie enjoys speaking **French**

7. Answer the following questions as if you were Lucie

a. Je suis de Libreville   b. Je suis heureuse   c. Six personnes   d. Mon père est fort et ma mère est drôle
e. Il joue du saxophone et aux échecs   f. Elle aime faire de la musculation et jouer au basket   g. Education physique
h. Ma maison est vieille mais très spacieuse   i. Rufus est mon chien   j. Il est petit   k. Ils sont très bons et patients
l. J'adore   m. Parce que j'adore parler en français et nous chantons des chansons

TERM 2 – MIDPOINT – RETRIEVAL PRACTICE

1. Answer the following questions in French – Students' own answers

2. Write a paragraph in the first person singular (I) providing the following details

Je m'appelle Sandra. J'ai onze ans et je suis d'Angleterre. Aujourd'hui ça va bien. Dans ma famille, il y a quatre personnes: mon père, ma mère et ma sœur cadette. Je m'entends bien avec ma mère mais je m'entends mal avec mon père parce qu'il est très strict. Mon père a quarante ans. Il est assez grand et blond. Il est intelligent and sympa. Ma mère a trente-huit ans. Elle est petite et elle a les cheveux noirs. Elle est très gentille et travailleuse. Ma sœur s'appelle Deborah. Elle a neuf ans. Son anniversaire est le 20 mai. Elle est plus travailleuse et sportive que moi mais je suis plus drôle. Mon école est grande et j'aime beaucoup mon école parce que les professeurs sont sympas et ils m'écoutent toujours. J'adore le français parce que le prof est bon, amusant et il m'aide toujours. Aussi, j'ai des amis en classe.

3. Write a paragraph in the third person singular (he/she) providing the following details about a friend
– Students' own answers

TRANSCRIPTS: Unit 10 - Describing my teachers & saying why I like them

1. Tick or cross? Tick the words you hear in each sentence and cross the ones you don't

a. J'adore le **dessin**
b. J'étudie les mathématiques, **les sciences** et l'anglais
c. Ma matière préférée est le français
d. Mon prof de **théâtre** m'aide toujours
e. Je n'aime pas les **mathématiques** car c'est très difficile
f. J'étudie les sciences et j'adore la biologie
g. J'aime beaucoup **l'espagnol** car c'est utile pour le futur
h. Je n'aime pas ma prof de **français**, elle est un peu sévère

2. Fill in the gaps

a. J'aime le prof d'**histoire**
b. J'**aime** la prof de mathématiques
c. Je n'aime **pas** le prof de technologie
d. Je n'aime pas le prof de **sciences**
e. J'aime la prof de **géographie**
f. J'aime beaucoup la prof d'**allemand**
g. J'aime le prof de **dessin**
h. J'aime **assez** la prof de français

3. Spot the intruder

a. J'aime beaucoup la prof de géographie car elle est patiente

b. J'aime assez la prof d'anglais car elle est sympathique

c. J'aime le prof d'allemand car il est patient

d. J'aime beaucoup le prof de dessin car il est travailleur

e. Je n'aime pas la prof de maths car elle est toujours en colère

f. Je n'aime pas la prof de sciences car elle nous donne trop de devoirs

4. Faulty translation: correct the wrong translations

a. J'aime beaucoup la prof de français   *I like the **French** teacher a lot*
b. Il est en colère aujourd'hui   *He is angry today √*
c. Elle nous donne peu de devoirs   *She gives us **little** homework*
d. Il ne m'écoute jamais   *He **never** listens to me*
e. Le prof de dessin m'aide beaucoup   *The art teacher helps me a lot √*
f. Mon prof me comprend   *My teacher **understands me***

5. Listen and write the French translation next to each sentence

a. J'aime mon prof d'allemand
b. Elle est en colère
c. Il me comprend
d. Il m'aide beaucoup
e. J'aime mon prof de sciences
f. Il est sympathique
g. Il est méchant
h. Elle est travailleuse

6. Listen and tick the appropriate box

a. Mon professeur d'allemand est drôle
b. Ma prof d'histoire est intéressante
c. La prof de dessin est drôle
d. Ma prof est très gentille
e. Le français, c'est très utile et intéressant aussi
f. J'aime la musique car la prof m'aide toujours
g. J'aime beaucoup la technologie
h. L'anglais, c'est utile, mais un peu ennuyeux

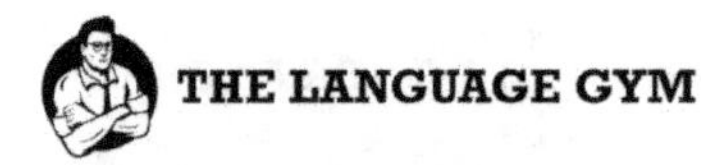

7. Gapped translation

J'aime **beaucoup** mon collège. Ma matière préférée, ce sont les **mathématiques** car le prof est très **gentil** et nous donne toujours **peu de** devoirs. De plus, il est très **drôle** et **il m'aide** beaucoup. J'aime aussi ma prof d'**histoire** car elle est très gentille et **patiente** et me **comprend**. Elle n'est jamais **en colère** et elle **m'écoute**. Cependant, je n'aime pas mon prof de **sciences** car il est très sévère et **méchant**. Il **me gronde** toujours et nous donne **beaucoup de** devoirs.

8. Complete with the missing letter

a. La prof d'histoire est travailleuse

b. Le prof de géographie est méchant

c. J'aime la prof de sciences car elle est gentille

d. Je n'aime pas la prof de dessin car elle est stricte

e. Ma prof d'anglais est très travailleuse et patiente

f. Mon prof d'éducation physique est très ennuyeux

g. J'adore la prof de français car elle est drôle

h. Je n'aime pas le prof d'allemand car il est arrogant

9. Guess the next word, then listen to the track to see if you guessed right

a. La prof de sciences est **intelligente**
b. Le prof d'histoire est **ennuyeux**
c. Le prof d'anglais est **intéressant**
d. La prof de dessin est **drôle**
e. La prof de géographie est assez **méchante**
f. Le prof de technologie est **gentil**
g. La prof de musique est **stricte**

10. Listen and fill in the grid

Exemple: J'aime le français car le prof est drôle et il m'aide beaucoup

a. Je n'aime pas l'histoire car la prof est ennuyeuse et elle est toujours en colère
b. J'aime l'espagnol car le prof est intéressant et patient
c. J'aime l'éducation physique car le prof m'écoute et donne peu de devoirs
d. J'adore l'anglais car la prof est gentille et travailleuse
e. Je n'aime pas le dessin car le prof ne me comprend pas et il me gronde
f. J'aime la musique car la prof est drôle et intéressante

11. Listening slalom: follow the speaker from top to bottom and number the boxes accordingly

a. J'aime la prof d'histoire car elle est gentille et patiente. Elle me comprend et m'aide toujours.
b. Je n'aime pas la prof de sciences car elle est méchante, paresseuse et elle ne m'aide jamais.
c. J'adore le prof d'anglais car il est très drôle et travailleur. Il est très patient et m'écoute toujours.
d. J'aime beaucoup la prof d'espagnol car elle est drôle et intéressante. Elle nous donne peu de devoirs.

ANSWERS: Unit 10 - Describing my teachers and saying why I like them

Unit 10. Describing my teachers and saying why I like them: LISTENING

1. Tick or cross? Tick the words you hear in each sentence and cross the ones you don't

a. **dessin** √   b. **sciences** √   c. histoire X   d. **théâtre** √
e. **mathématiques** √   f. géographie X   g. **espagnol** √   h. allemand X

2. Fill in the gaps

a. J'aime le prof d'**histoire**   b. J'**aime** la prof de mathématiques
c. Je n'aime **pas** le prof de technologie   d. Je n'aime pas le prof de **sciences**
e. J'aime la prof de **géographie**   f. J'aime beaucoup la prof d'**allemand**
g. J'aime le prof de **dessin**   h. J'aime **assez** la prof de français

3. Spot the intruder

a. J'aime beaucoup ~~le~~ la prof de géographie car elle est patiente
b. J'aime assez la prof d'anglais car ~~il~~ elle est sympathique
c. J'aime ~~pas~~ le prof d'allemand car il est patient
d. J'aime beaucoup le prof de dessin car il est ~~très~~ travailleur
e. Je n'aime pas la prof de maths car elle ~~ne~~ est toujours en colère
f. Je n'aime pas la prof de sciences car elle nous donne ~~beaucoup~~ trop de devoirs

4. Faulty translation: correct the wrong translations

a. I like the **French** teacher a lot b. He is angry today √   c. She gives us **little** homework
d. He **never** listens to me   e. The art teacher helps me a lot √   f. My teacher
understands me

5. Listen and write the French translation next to each sentence

a. J'aime mon prof d'allemand   e. J'aime mon prof de sciences
b. Elle est en colère   f. Il est sympathique
c. Il me comprend   g. Il est méchant
d. Il m'aide beaucoup   h. Elle est travailleuse

6. Subjects & teachers: listen and tick the appropriate box

	Masculine	Feminine
a	√	
b		√
c		√
d		√
e	√	
f		√
g		√
h	√	

7. Gapped translation

I like my school **a lot**. My favourite subject is **maths** because the teacher is very **kind** and always gives us **little** homework. Furthermore, he is very **funny** and **helps me** a lot. I also like my **history** teacher because she is very kind and **patient** and **understands** me. She never **gets angry** and never **shouts** at me. However, I don't like my **science** teacher, because he is very strict and **unfriendly/mean**. He always **tells me off** and gives us **a lot** of homework.

8. Complete with the missing letter

a. La prof d'histoire est travailleuse

b. Le prof de géographie est méchant

c. J'aime la prof de sciences car elle est gentille

d. Je n'aime pas la prof de dessin car elle est stricte

e. Ma prof d'anglais est très travailleuse et patiente

f. Mon prof d'éducation physique est très ennuyeux

g. J'adore la prof de français car elle est drôle

h. Je n'aime pas le prof d'allemand car il est arrogant

9. Guess the next word, then listen to the track to see if you guessed right

a. La prof de sciences est **intelligente**

b. Le prof d'histoire est **ennuyeux**

c. Le prof d'anglais est **intéressant**

d. La prof de dessin est **drôle**

e. La prof de géographie est assez **méchante**

f. Le prof de technologie est **gentil**

g. La prof de musique est **stricte**

10. Listen and fill in the grid

	Which subject?	Do they like/ dislike it?	Why? (2 details)
eg.	*French*	*Y*	*Teacher is funny and helps me a lot*
a.	History	N	Teacher is boring and always gets angry
b.	Spanish	Y	Teacher is interesting and patient
c.	PE	Y	Teacher listens to me and gives little homework
d.	English	Y	Teacher is friendly and hard working
e.	Art	N	Teacher doesn't understand me & tells me off
f.	Music	Y	Teacher is funny and interesting

11. Listening slalom: follow the speaker from top to bottom and number the boxes accordingly

a	b	c	d
J'aime (a)	Je n'aime pas **(b)**	J'adore **(c)**	J'aime beaucoup **(d)**
le prof d'anglais **(c)**	**la prof d'histoire (a)**	la prof de sciences **(b)**	la prof d'espagnol **(d)**
car elle est drôle **(d)**	car elle est méchante, **(b)**	**car elle est gentille (a)**	car il est très drôle **(c)**
et intéressante. **(d)**	et travailleur. **(c)**	paresseuse **(b)**	**et patiente. (a)**
Il est très patient **(c)**	Elle nous donne **(d)**	**Elle me comprend (a)**	et elle ne **(b)**
peu de devoirs. **(d)**	et m'écoute toujours. **(c)**	m'aide jamais. **(b)**	**et m'aide toujours. (a)**

Unit 10. Describing my teachers: VOCABULARY BUILDING

1. Match

Il est intéressant – He is interesting   **Il est patient** – He is patient   **Il est intelligent** – He is intelligent
Il est travailleur – He is hard–working   **Il est sympathique** – He is nice   **Il est méchant** – He is mean
Il est drôle – He is funny   **Il est gentil** – He is kind   **Il est ennuyeux** – He is boring

2. Translate into English

a. I like   b. The history teacher   c. I love   d. She is mean   e. He is nice   f. He shouts at me
g. She gives us too much homework   h. She is funny   i. She helps me   j. Always

3. Break the flow

a. J'aime la prof de science car elle est très travailleuse
b. Je n'aime pas la prof d'anglais car elle est très stricte
c. Je n'aime pas le prof de mathématiques car il nous donne trop de devoirs
d. J'adore la prof de musique car elle est toujours de bonne humeur
e. J'aime le prof d'éducation physique car il est très drôle
f. Je n'aime pas le prof de dessin parce qu'il est ennuyeux
g. J'adore la prof de technologie car elle est patiente et drôle
h. J'aime beaucoup le prof de théâtre car il m'écoute toujours

4. Faulty translation

a. Le prof d'allemand: *The **German** teacher*   b. Je l'aime beaucoup: *I like him/her **a lot***   c. je l'adore: *I **love** him/her*
d. Le prof de dessin: *The **art** teacher*   e. Trop de devoirs: ***too much** homework*
f. Elle m'aide toujours: *She always **helps me***   g. Il me gronde: *He tells me off*
h. Elle est en colère: ***She** is angry*   i. Elle est ennuyeuse: *She is **boring***   j. Il est méchant: *He is **mean***

5. Complete the table

Français	English
Ennuyeux	***Boring***
Gentil	***Kind***
Drôle	*Funny*
Intéressant	***Interesting***
Sympathique	***Nice***
Méchant	*Mean*
Patient	***Patient***
Travailleur	*Hard-working*

6. Gapped French to English translation

a. J'aime la prof de sciences: *I like the **science** teacher*
b. Elle est très stricte: *She is very **strict***
c. Il nous donne trop de devoirs: *He gives us **too much** homework*
d. J'adore la prof de musique: *I **love** the music teacher*
e. Il n'est jamais de bonne humeur: *He is **never** in a good mood*
f. Je n'aime pas le prof car il est ennuyeux: *I don't like the teacher because he is **boring***
g. J'adore la prof car elle est drôle: *I love the teacher because she is **funny***
h. Je l'aime beaucoup car il est gentil: *I like him a lot because he is **kind***

7. Complete with the correct option

a. J'aime la prof de *sciences* car elle est très travailleuse.
b. Je n'aime pas la prof d'anglais car elle est très *stricte*.
c. Je n'aime pas le prof de mathématiques car il nous *donne* trop de devoirs.
d. J'*adore* la prof de musique car elle est toujours de bonne humeur.
e. J'aime le *prof* d'éducation physique car il est très drôle.
f. Je n'aime pas le prof de dessin car il est *ennuyeux*.
g. J'adore la prof de technologie *parce qu*'elle est patiente et drôle.

8. Sentence puzzle

a. La prof est sympathique   b. Le prof est méchant   c. J'aime la prof   d. Le prof d'anglais
e. La prof de français   f. La prof est drôle   g. Le prof est gentil

9. Anagrams

a. Prof   b. Méchant   c. Drôle   d. Il me gronde   e. De bonne humeur   f. Trop de devoirs

10. Choose the correct word

a. La prof de *sciences*   e. Le prof est *très* drôle
b. Le prof est *ennuyeux*   f. J'aime la prof parce qu'elle est *sympathique*
c. Elle est en *colère*   g. Je n'aime pas la prof car elle est *impatiente*
d. Il est de bonne *humeur*   h. J'aime *beaucoup* le prof d'espagnol

Unit 10. Describing my teachers: READING

1. Find the French for the following in Marie's text

a. Bien   b. Matières   c. Drôle   d. Devoirs   e. Aussi   f. Elle m'aide   g. Quand   h. Par contre
i. Méchante   j. Elle me gronde   k. Elle est toujours en colère

2. Complete the statements below based on Joël's text

a. I study **many** subjects   b. I **only** like history and geography
c. The history teacher always **helps me** when I **don't understand something**
d. The science teacher is **boring** and **always shouts**
e. Neither do I like maths because the teacher is too **strict** and is often **angry**

3. Correct the incorrect statements about Robert's text

a. Robert ~~only~~ likes English, science and history   b. The history teacher is **kind/fun**   c. Correct
d. The English teacher is **hard-working**   e. The history teacher **never shouts**

4. Find someone who...

a. Joël   b. Robert   c. Marie   d. Joël   e. Marie   f. Robert   g. Robert   h. Marie   i. Joël   j. Joël   k. Robert

Unit 10. Describing my teachers: WRITING

1. Translate into French

a. Sympathique   b. Travailleuse   c. Méchante   d. Ennuyeux   e. Intéressante   f. Gentille   g. Drôle

2. Complete with a suitable word

a. J'adore la **prof** de sciences   b. La prof de mathématiques **est** drôle   c. Je l' **adore** car il est sympathique
d. Je ne l'aime **pas** car il est impatient   e. J'aime beaucoup le prof d' **anglais**
f. Je ne l'aime pas **car** il est très méchant   g. La prof d'anglais est **très** drôle
h. **La** prof de dessin est très ennuyeuse

3. Broken words

a. La pro**f** de scien**ces**
b. Elle est dr**ôle**
c. Il m**e** gr**onde**
d. Elle est en col**è**re

e. Elle est ennuy**euse**
f. Elle est gen**tille**
g. La **prof** de fran**çais**
h. Il est int**éressant**

i. Elle nous d**onne** peu de de**voirs**
j. Il n**ous** donne **trop** de devoirs
k. **Le** prof **est** pat**ient**
l. Elle m'ai**de** tou**jours**

4. Complete the table

Masculine	Feminine
Ennuyeux	**Ennuyeuse**
Gentil	**Gentille**
Drôle	Drôle
Patient	**Patiente**
Intéressant	Intéressante
Travailleur	**Travailleuse**
Intelligent	**Intelligente**

5. Spot and add in the missing word

a. La prof **de** sciences   b. J'aime la prof de dessin car elle **est** gentille   c. Je n'aime pas le prof **d'**éducation physique   d. **Le p**rof de mathématiques est très ennuyeux e. Le prof de français est toujours **en** colère
f. J'adore la prof d'allemand car elle **est** sympathique   g. Le prof de sciences nous **donne** beaucoup de devoirs

6. Tangled translation: into French

a. Je n'**aime** pas la prof **d'anglais**   b. J'**adore** le **prof** de **dessin**   c. **Elle nous donne trop de** devoirs
d. Le prof de sciences **est patient**   e. Il nous **donne peu de** devoirs   f. Le **prof de maths** est très **drôle**
g. La prof **d'espagnol** me **gronde**   h. **Le prof** (m) est toujours **en colère**

7. Translate into French

a. Je n'aime pas la prof de sciences car elle est ennuyeuse.   b. Le prof de français nous donne trop de devoirs.
c. Le prof d'allemand m'aide toujours.   d. Le prof de maths est toujours en colère.
e. Le prof de dessin est drôle et il me comprend. f. Le prof d'éducation physique est gentil et nous donne peu de devoirs.   g. Le prof de musique est méchant et impatient. h. Le prof d'anglais est intéressant et travailleur.

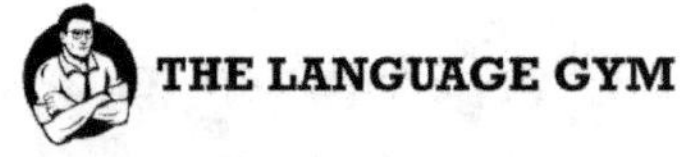

TERM 2 – BRINGING IT ALL TOGETHER – 10

1. Find the French equivalent for the following in paragraphs 1 to 4

a. Je suis anglaise   b. Nous sommes   c. Mon frère aîné   d. Plus strict   e. S'appellent   f. Ils sont affectueux
g. Passer du temps   h. Il aime jouer   i. Fort

2. Complete the following translation of paragraph 5

My **younger** sister is more artistic than my brother. She has **green** eyes and **curly** hair. She enjoys **painting** and dancing hip hop. At school, her favourite subject is **IT** because it is **useful** for the future. She doesn't like maths because it is a bit complicated and **boring**.

3. Answer the following questions about paragraph 6

a. In her neighbourhood   b. Because the teachers are very good   c. They are understanding and they help when they have a problem   d. Because she can explore melodies and write songs   e. Biology, because she learns a lot

4. Translate the following phrases taken from paragraphs 6 and 7

a. They are understanding   b. They help us   c. To write songs   d. I learn a lot   e. She tells me off
f. He helps me   g. In a good mood   h. However   i. I don't get on well   j. All the time

5. Find someone who...

a. Alain   b. David   c. Romane   d. Denis   e. Pauline   f. Alain   g. Denis   h. The music teacher   i. Pauline

6. Find the French in paragraph 4

a. Plus petite   b. les cheveux raides   c. Acheter des vêtements   d. Bonne   e. Elle dit que   f. C'est ennuyeux

7. Correct the errors in the following translation of paragraph 5

I go to a very **big** school in my city. **My** school is very good because the teachers are very intelligent, **fun** and **hard-working**. They always **help** me if I don't understand something. I **love** the English class because I **like** to **write** stories. My favourite **subject** is music because the teacher is very **fun** and always **helps** me. She is my favourite teacher.

8. Find out the 4 words on the list below, which are not included in paragraph 6

a. Is	e. **Also**	i. A lot
b. **But**	f. Always	j. My
c. However	g. **Never**	k. In
d. With	h. That	l. **For**

TRANSCRIPTS: Unit 11 – Saying what I and others do in our free time

1. Complete with 'je joue', 'je fais' or 'je vais'

a. **Je joue** aux échecs.   b. **Je fais** de la musculation.   c. **Je joue** aux cartes.   d. **Je fais** de l'escalade.
e. **Je vais** à la piscine.   f. **Je vais** en boîte.   g. **Je vais** chez un ami.   h. **Je joue** avec mes amis.

2. Complete with the missing syllables

a. Je joue au te**nnis**.   b. Je fais de la rando**nnée**.   c. Je vais au centre spor**tif**.   d. Je vais en boî**te**.
e. Je fais du vé**lo**.   f. Je vais à la monta**gne**.   g. Je joue au badmin**ton**.   h. Je vais à la pl**age**.   i. Je vais au par**c**.
j. Je fais de la nata**tion**.

3. Listening for detail: what activities does Aurélie do each day? Tick the correct one

Salut, je m'appelle Aurélie. Le **lundi**, je fais du vélo avec mon amie Andréa.
Le **mardi**, je fais de la natation à la piscine.
Le **mercredi**, je vais au gymnase avec mon ami Jean-François.
Le **jeudi**, je reste à la maison et je fais mes devoirs.
Le **vendredi** je joue aux échecs au collège.
Le **samedi**, je fais du vélo à la montagne
… et le **dimanche** je vais à la pêche avec mon grand-père Claude.

4. Spot the intruders

Je m'appelle Thomas. Je suis ~~un~~ allemand. Je suis ~~très~~ sportif. Pendant mon temps libre, je fais ~~souvent~~ du sport. Mon sport préféré, c'est l'escalade ~~libre~~. Je fais de l'escalade ~~presque~~ tous les jours. Quand il fait mauvais, ~~en général~~ je reste chez moi et je joue aux échecs ou ~~je joue~~ aux cartes avec mon frère ~~cadet~~. J'aime aussi ~~beaucoup~~ faire de la natation. Je fais de la natation ~~presque~~ tous les week-ends à la piscine près de chez moi ~~maison~~.

5. Faulty translation: correct the translation

a. Je m'appelle Laura. J'ai les cheveux **noirs** et je suis très **intelligente** et bavarde.
b. Je ne suis pas très sportive. Je préfère regarder **la télé**, jouer aux échecs, jouer aux cartes et aller **au parc**.
c. Quand il fait beau, j'aime aller **à la pêche** et de temps en temps…
d. …je vais au **centre commercial** avec ma **mère**. Je ne vais **jamais** au gymnase.
e. C'est très ennuyeux à mon avis. Je préfère faire du **vélo**.

6. Spot the missing words and write them in

Je m'appelle Luna, et je suis italienne. J'adore faire du vélo. Je fais du vélo avec mes amis. C'est mon sport préféré. J'en fais tous les jours. De temps en temps je fais de l'escalade, du footing, ou de la randonnée. Je n'aime pas du tout le tennis, ni le foot. Je déteste aussi faire de la natation. J'en fais très rarement car c'est fatigant. Deux fois par semaine, je vais en boîte avec ma meilleure amie Julia. J'adore danser dans la discothèque avec tous mes amis du collège.

7. Listen to Tristan talk about his friends and fill in the grid below in English

Salut, je suis Tristan et je vais parler de mes amis.
1. Mon ami **Christophe** a 10 ans. Il est grand et marrant. Sa nourriture préférée, c'est le poulet avec des frites. Il porte toujours un survêtement car c'est confortable. Son sport favori, c'est le foot et il s'entraîne tous les week-ends.
2. Mon ami **Anthony** a 15 ans. Il est petit et très paresseux. Sa nourriture favorite c'est la salade niçoise avec du poisson frais. Il porte toujours un tee-shirt blanc. Son sport favori, c'est le basket et il en fait tous les lundis.
3. Mon ami **Arnaud** a 12 ans. Il est très grand et fort. Ce qu'il aime manger le plus, c'est les frites avec de la mayonnaise. Normalement, il porte des chaussures rouges. Son sport favori c'est l'équitation et il en fait tous les jours.
4. Mon ami **Nico** a 14 ans. Il est un peu gros et très travailleur. Sa nourriture préférée, ce sont les hamburgers et la viande rouge. Il porte toujours un chapeau jaune; c'est son favori. Il ne fait pas de sport, mais son activité favorite c'est parler et il le fait beaucoup.

5. Mon ami **Gilles** a 11 ans. Il est grand et aimable. Il adore manger du saumon et de la soupe. Son vêtement préféré, c'est un manteau blanc et bleu. Son sport favori c'est la natation et il en fait trois fois par semaine.

8. Narrow listening: gapped translation

Mon nom est **Jean-Marc** et j'ai **17** ans. Je suis **français** et corse. Je suis un habitant de **la Corse,** 'l'île de beauté'. Je vis ici avec mes **parents**, mes deux **frères** et ma **sœur**. Mes parents sont très **aimables** et **généreux**. Mes frères sont très **pénibles** et ma sœur est amusante et **serviable**. Ce que j'aime manger le plus, c'est le **poulet** et le **riz**. Je mange aussi très souvent de la **salade**. Pendant mon temps libre, je fais beaucoup de **sport**. Je joue au **tennis** au collège **tous les jours**. Souvent, je fais de la **musculation** au gymnase près de chez moi. Trois fois par semaine, je vais **à la pêche** et de temps en temps je vais au **cinéma** avec mes frères. En plus du sport, **je joue de la guitare** et je vais à des **cours de guitare** une fois par semaine. J'adore la **musique**. Au revoir!

ANSWERS: Unit 11 – Saying what I and others do in our free time

Unit 11. Saying what I and others do in our free time: LISTENING

1. Complete with 'je joue', 'je fais' or 'je vais'

a. **Je joue** aux échecs.   b. **Je fais** de la musculation.   c. **Je joue** aux cartes.   d. **Je fais** de l'escalade.
e. **Je vais** à la piscine.   f. **Je vais** en boîte.   g. **Je vais** chez un ami.   h. **Je joue** avec mes amis.

2. Complete with the missing syllables

a. Je joue au te**nnis**.   b. Je fais de la rando**nnée**.   c. Je vais au centre spor**tif**.
d. Je vais en boî**te**.   e. Je fais du vé**lo**.   f. Je vais à la monta**gne**.   g. Je joue au badmin**ton**.
h. Je vais à la pla**ge**.   i. Je vais au par**c**.   j. Je fais de la nata**tion**.

3. Listening for detail: what activities does Aurélie do each day? Tick the correct one

Monday: Cycling   Tuesday: Swimming   Wednesday: Going to the gym   Thursday: Homework
Friday: Chess   Saturday: Bike riding   Sunday: Fishing

4. Spot the intruder

Je m'appelle Thomas. Je suis ~~un~~ allemand. Je suis ~~très~~ sportif. Pendant mon temps libre, je fais ~~souvent~~ du sport. Mon sport préféré, c'est l' escalade ~~libre~~. Je fais de l'escalade ~~presque~~ tous les jours. Quand il fait mauvais, ~~en général~~ je reste chez moi et je joue aux échecs ou ~~je joue~~ aux cartes avec mon frère ~~cadet~~. J'aime aussi ~~beaucoup~~ faire de la natation. Je fais de la natation ~~presque~~ tous les week-ends à la piscine près de chez moi ~~maison~~.

5. Faulty translation

a. My name is Laura. I am **dark haired** and am very **intelligent** and talkative.
b. I am not very sporty. I prefer to **watch TV**, to play chess, play cards and go **to the park**.
c. When the weather is nice I like going **fishing** and from time to time…
d. I go to the **shopping centre** with my **mother**. **I never** go to the gym.
e. It is very boring in my opinion. I prefer to go **biking**.

6. Spot the missing words and write them in

Je m'appelle Luna, et je suis italienne. J'adore faire **du** vélo. Je fais du vélo avec **mes** amis. **C'est** mon sport préféré. J'**en** fais tous les jours. De temps **en** temps je fais de l'escalade, du footing, ou de la randonnée. Je n'aime pas du **tout** le tennis, ni **le** foot. Je déteste aussi **faire** de la natation. J'en **fais** très rarement car **c'est** fatigant. Deux fois **par** semaine, je vais en boîte avec ma **meilleure** amie Julia. J'adore danser dans **la** discothèque **avec** tous mes amis du collège.

7. Listen to Tristan talk about his friends and fill in the grid below - in English

	Name	Age	Description	Favourite food	Favourite clothes	Favourite activity	How often they practise
1	**Christophe**	10	Tall + funny	Chicken + chips	Tracksuit	Football	Every weekend
2	**Anthony**	15	Short + lazy	Niçoise salad + fish	White t-shirt	Basketball	On Mondays
3	**Arnaud**	12	Very tall + strong	Chips with mayonnaise	Red shoes	Horseriding	Every day
4	**Nico**	14	Bit chubby + very hard-working	Burgers + steak	Yellow hat	Talking	A lot
5	**Gilles**	11	Tall + nice	Salmon + soup	White and blue coat	Swimming	3 times a week

8. Narrow listening: gapped translation

My name is **Jean-Marc** and I am **17** years old. I am **French** and Corsican. I am an inhabitant from **Corsica**, the 'isle of beauty'. I live here with my **parents**, my two **brothers** and my **sister**. My parents are very **nice** and **generous**. My brothers are very **annoying** and my sister is funny and **helpful**. What I like eating the most is **chicken** and **rice**. I also eat **salad** very often. In my free time, I do a lot of **sports**. I play **tennis** at school **every day**. I often do **weights** at the gym near my house. Three times a week, I go **fishing** and from time to time, I go to the **cinema** with my brothers. Besides sport, I also play **the guitar** and I go to guitar **lessons** once a week. I love **music**. Goodbye!

Unit 11. Free time: VOCABULARY BUILDING

1. Match up

Je joue aux échecs – I play chess

Je fais de l'équitation – I go horse-riding

Je fais du vélo – I go biking

Mon ami fait de la randonnée – I go hiking

Je fais du footing – I go jogging

Je joue aux cartes – I play cards

Je fais de la natation – I go swimming

Je joue au basket – I play basketball

2. Complete with the missing word

a. Mon amie joue aux **échecs**　b. **Je fais** de l'équitation　　c. **Je joue** aux cartes　　d. Mon ami fait du **vélo**

e. Je joue au **basket**　f. Je vais à la **pêche**　g. Mon ami fait de la **randonnée**　　h. Je fais de l'**escalade**

i. Je fais du **footing**　j. Je ne fais pas mes **devoirs**

3. Translate into English

a. My friend cycles every day　　　　b. My friend (f) often goes hiking　c. I do rock climbing twice a month

d. I never do horse riding　　e. When the weather is bad, I play cards or chess　f. I often play basketball

g. I rarely go jogging　　h. I often go to my friend's house　　　　i. I go to the beach every day

j. I go fishing once a week

4. Broken words

a. Il fait de l'éq**uitation** b. Je fais de la na**tation** c. Je vais à la pê**che** d. Je fais du vé**lo** e. Je joue aux é**checs**

f. Je vais en bo**île** g. Elle joue aux ca**rtes** h. Je fais de l'es**calade**

5. 'Je joue' ou 'Je fais'?

a. Je joue au basket　　　b. Je fais du vélo　　　c. Je joue aux échecs　　d. Je joue aux cartes

e. Je fais de la natation　f. Je fais du footing　　g. Je joue au tennis　　h. Je fais de l'escalade

6. Bad translation – spot any translation errors and fix them

a. I ~~often~~ **never** go clubbing   b. I play ~~chess~~ **cards** often   c. I go ~~swimming~~ **rock-climbing** rarely
d. When the weather is nice my friend goes ~~hiking~~ **jogging**   e. I go biking ~~every day~~ **once a week**
f. I ~~often~~ never play chess   g. I ~~never~~ go hiking **once a month**   h. I go swimming ~~from time to time~~ **often**

Unit 11. Free time: READING

1. Find the French for the following in Thomas' text

a. Je fais beaucoup de sport b. Mon sport préféré c. L'escalade d. Tous les jours e. Quand il fait mauvais
f. Je joue aux échecs. g. Aussi h. Je joue à la Playstation

2. Find the French for the following in Ronan's text

a. J'adore faire du vélo b. Avec mes amis c. Parfois d. Je fais de la natation e. Je vais en boîte f. Je fais de l'escalade
g. Avec mon ami, Julien

3. Complete the following statements about Verónica

a. She is from **Barbastro**   b. She is not very **sporty**   c. She plays videogames or **chess**   d. When the weather is
nice she goes **jogging**   e. She also plays tennis with her **brother**

4. List 7 details about Jennifer (accept answers in any order)

1 She is English 2 She likes to read a lot 3 She likes to play chess and cards 4 She is not very sporty
5 Sometimes she goes to the gym 6 When the weather is nice she goes hiking 7 She has a dog called Doug

5. Find someone who...

a. Jennifer b. Ronan c. Thomas d. Jennifer e. Ronan

Unit 11. Free time: TRANSLATION

1. Gapped translation

a. I **never** go clubbing b. I often play **basketball** c. I **never** play tennis d. Je joue aux **échecs** e. Mon ami joue aux
cartes f. **Sometimes**, I go cycling g. She never does **rock climbing** h. Quand il fait **beau** je fais du footing

2. Translate to English

a. Never b. Sometimes c. When the weather is bad d. At my friend's place e. Rarely
f. Every day g. I go hiking h. My friend goes clubbing i. I go fishing

3. Translate into English

a. I never go fishing with my father b. I play cards with my brother c. I go hiking with my mother
d. I play chess with my best friend e. I never play on the Playstation with my friends f. I go clubbing every
Saturday

4. Translate into French

a. Vélo b. Escalade c. Basket d. Pêche e. Devoirs f. Jeux vidéo g. Échecs h. Cartes i. Randonnée j. Footing

5. Translate into French

a. Je fais du footing b. Mon ami joue aux échecs c. Je fais de l'escalade d. Je fais de la natation
e. Je fais de l'équitation   f. Mon ami va au gymnase g. Je vais en boîte h. Je joue aux jeux vidéo
i. Il fait du vélo j. Je fais de la randonnée

Unit 11. Free time: WRITING

1. Split sentences

Je ne fais jamais d'escalade	Je joue souvent aux échecs	Elle va chez son ami Paul
Je fais du footing au parc	Il joue aux cartes	Je fais beaucoup de sport
Il fait du vélo	Je fais mes devoirs chez moi	

2. Complete the sentences
a. Je ne **fais** jamais de footing   b. Parfois, je **joue** aux échecs   c. Je **fais** de l'escalade de temps en temps
d. Mon amie **fait** souvent de l'équitation   e. Je joue au tennis **tous les** jours   f. Je vais **chez** mon ami
g. Pendant mon **temps** libre   h. Je **fais** mes devoirs à la maison   i. Mon ami **va** à la campagne avec sa famille

3. Spot and correct mistakes [note: in some cases a word is missing]
a. Mon ami joue au ten**n**is b. Je joue au**x** éche**c**s c. Je vais chez **mon** ami d. Je **ne** fais jamais de vélo
e. Je **f**ais mes devoirs f. Je **v**ais à la campagne g. Mon amie **fait** des randonnées

4. Complete the words
a. É**ch**ecs b. Bas**ket** c. Ran**donnée** d. Jeux **vidéo** e. Équi**tation** f. Ja**mais** g. Sou**vent** h. Rar**ement**

5. Write a paragraph for each of the people below in the first person singular (I):
Jeanne: Je fais de la randonnée tous les jours avec mon petit ami à la campagne, c'est amusant.
Dylan: Je joue souvent au tennis avec mon ami James à la maison, c'est sain.
Alexandre: Je fais du footing quand il fait beau tout seul dans le parc, c'est relaxant.

TERM 2 – BRINGING IT ALL TOGETHER – 11

1. Answer the following questions in English

a. Ireland   b. Because she is more relaxed than his father   c. 72 and 69   d. Black hair
e. Because it's boring and he doesn't know if it's going to be useful for the future
f. Because the teachers are very good   g. Music, because he likes writing songs and singing
h. Climbing, he does it every day   i. Swimming is tiring but relaxing

2. Find the French equivalent for the following in Liam's text

a. Mais maintenant j'habite   b. Nous sommes   c. Ils sont affectueux   d. Il est très talentueux   e. Il a les
cheveux noirs   f. Je ne sais pas   g. Les professeurs sont très bons   h. J'adore apprendre sur   i. Elle m'aide
toujours en cours   j. Pendant mon temps libre   k. Quand il fait mauvais   l. Parfois je fais du footing   m.
La natation, c'est fatigant

3. Complete the translation of paragraph 6 below

In my free time I do a lot of **sport.** My favourite sport is **climbing.** I go **climbing** every day. When **the weather
is bad** I stay at home and I play videogames or **cards**. I also **like** to play Playstation with my friends. When the
weather is **good**, sometimes I go **jogging** in the park in my **neighbourhood** or I play tennis with my **brother**
Noël. **Furthermore**, I enjoy going to the **gym** and to the **swimming pool**. Swimming is **exhausting** but very
relaxing.

4. Answer the following questions about PARAGRAPHS 1 and 2 in French as if you were Damian

a. Je m'appelle Damian   b. J'ai douze ans   c. Je suis d'Angleterre   d. J'habite à Valence   e. J'habite avec ma
famille f. Je vais comme ci, comme ça   g. Dans ma famille, nous sommes trois personnes   h. Ma mère
i. Mon grand-père a soixante-dix-sept ans et ma grand-mère a soixante-dix-huit ans   j. Mon grand-père

5. Translate the following words from paragraphs 3 and 4
a. Best b. To go c. To do d. His e. Also f. He has g. Like h. More i. Subject j. To paint k. However
l. Boring m. Truth n. That

6. Correct the following statements about Damian, based on paragraph 5

a. Les profs de Damian ~~ne sont pas bons~~ sont excellents   b. Les profs de Damian ~~ne~~ l'écoutent ~~pas~~

c. Damian ~~n'aime pas~~ adore l'anglais   d. Sa matière préférée est ~~la géographie~~ l'histoire

e. Sa prof d'histoire est très ~~ennuyeuse~~ drôle   f. Sa prof d'histoire lui donne ~~trop~~ peu de devoirs

7. Find the French equivalents in the paragraphs 5 and 6

a. I read: **Je lis**   b. Group: **Groupe**   c. Also: **Aussi**   d. Bad weather: **Mauvais**   e. Comics: **Bandes dessinées**
f. To sing: **Chanter**   g. Good weather: **Beau**   h. Team: **Équipe**   i. I watch: **Je regarde**   j. To see: **Voir**

TRANSCRIPTS:
TERM 2 - BRINGING IT ALL TOGETHER – QUESTION SKILLS

1. Fill in the missing words

a. **Combien** de personnes il y a dans ta famille?   b. **Avec qui** tu t'entends bien dans ta famille?
c. **Tu t'entends** mal avec quelqu'un? Avec **qui**?   d. **Comment** tu t'entends avec ton père?
e. **Quel** âge a ton frère?   f. **Comment** est ton frère?   g. **Quelle** est la **date** de son anniversaire?
h. **Comment est** ton prof d'anglais?   i. **Quel** est ton prof préféré?   j. **Quel** prof est-ce que tu n'aimes pas?
k. **Quel** prof t'aide toujours?   l. **Quelle** est ta matière préférée?   m. **Que fais-tu** pendant ton temps libre?
n. **Quels** sports fais-tu?   o. **Que fais-tu** quand il fait mauvais?

2. Listen and choose the option that you hear

a. Dans ma famille, il y a **quatre** personnes   b. Je m'entends mieux avec ma **mère**
c. Parfois, je m'entends mal avec mon **frère**   d. Je m'entends **très bien** avec mon père   e. Mon frère a **neuf** ans
f. Il est assez **grand** et il a les cheveux blonds   g. Son anniversaire est le dix-neuf **mars**   h. Oui, j'aime **beaucoup**
i. Mon prof préféré est mon prof d'**histoire**   j. Je n'aime pas mon prof de **théâtre**   k. Mon professeur de
technologie   l. J'adore les **sciences**   m. Je vais chez **mon** ami   n. Je fais de **l'équitation**   o. Je reste chez **moi**

3. Listen and write in the missing information

a. Dans ma **famille** il y a **quatre** personnes, mes **parents**, mon petit **frère** et moi
b. Je m'**entends** mieux avec ma **mère** car elle est très **compréhensive**
c. Parfois, je m'entends **mal** avec mon **frère** car il est un peu **méchant**
d. Je m'entends bien avec mon **père** car il est très **sympathique**
e. Ma **sœur** a **neuf** ans
f. Elle est assez **grande**, elle a les cheveux **blonds** et les yeux **bleus**
g. Son **anniversaire** est le **dix-neuf mars**
h. **Oui**, j'aime **beaucoup** ma prof de **sciences** car elle **explique** très **bien** les **choses**
i. Mon prof **préféré** est le prof d'**histoire** car il est très **drôle**
j. Je n'aime **pas** beaucoup ma prof de **mathématiques** car elle est trop **stricte**
k. Mon prof de **technologie** m'**aide** toujours beaucoup
l. J'**adore** les **sciences** car **c'est** très utile pour le **futur**
m. Pendant mon temps **libre** j'aime **aller** à la **pêche** et jouer aux **jeux** vidéo
n. Je fais de la **natation** et je joue au **basket**, et parfois je joue au **tennis**
o. Quand il fait **mauvais**, je **reste** chez moi et je **regarde** une série ou je **lis** un livre

ANSWERS:

TERM 2 – BRINGING IT ALL TOGETHER – QUESTION SKILLS

1. Fill in the missing words

a. **Combien** de personnes il y a dans ta famille?   b. **Avec qui** tu t'entends bien dans ta famille?

c. **Tu t'entends** mal avec quelqu'un? Avec **qui**?   d. **Comment** tu t'entends avec ton père?

e. **Quel** âge a ton frère?   f. **Comment** est ton frère?   g. **Quelle** est la **date** de son anniversaire?

h. **Comment est** ton prof d'anglais?   i. **Quel** est ton prof préféré?   j. **Quel** prof est-ce que tu n'aimes pas?

k. **Quel** prof t'aide toujours?   l. **Quelle** est ta matière préférée?   m. **Que fais-tu** pendant ton temps libre?

n. **Quels** sports fais-tu?   o. **Que fais-tu** quand il fait mauvais?

2. Listen and choose the option that you hear

a. Dans ma famille, il y a **quatre** personnes   b. Je m'entends mieux avec ma **mère**

c. Parfois, je m'entends mal avec mon **frère**   d. Je m'entends **très bien** avec mon père   e. Mon frère a **neuf** ans

f. Il est assez **grand** et il a les cheveux blonds   g. Son anniversaire est le dix-neuf **mars**   h. Oui, j'aime **beaucoup**

i. Mon prof préféré est mon prof d'**histoire**   j. Je n'aime pas mon prof de **théâtre**   k. Mon professeur de

technologie   l. J'adore les **sciences**   m. Je vais chez **mon** ami   n. Je fais de **l'équitation**   o. Je reste chez **moi**

3. Listen and write in the missing information

a. Dans ma **famille** il y a **quatre** personnes, mes **parents**, mon petit **frère** et moi

b. Je m'**entends** mieux avec ma **mère** car elle est très **compréhensive**

c. Parfois, je m'entends **mal** avec mon **frère** car il est un peu **méchant**

d. Je m'entends **assez bien** avec mon **père** car il est très **sympathique**

e. Ma **sœur** a **neuf** ans

f. Elle est assez **grande**, elle a les cheveux **blonds** et les yeux **bleus**

g. Son **anniversaire** est le **dix-neuf mars**

h. **Oui**, j'aime **beaucoup** ma prof de **sciences** car elle **explique** très **bien** les **choses**

i. Mon prof **préféré** est le prof d'**histoire** car il est très **drôle**

j. Je n'aime **pas** beaucoup ma prof de **mathématiques** car elle est trop **stricte**

k. Mon prof de **technologie** m'**aide** toujours beaucoup

l. J'**adore** les **sciences** car **c'est** très utile pour le **futur**

m. Pendant mon temps **libre** j'aime **aller** à la **pêche** et jouer aux **jeux** vidéo

n. Je fais de la **natation** et je joue au **basket**, et parfois je joue au **tennis**

o. Quand il fait **mauvais**, je **reste** chez moi et je **regarde** une série ou je **lis** un livre

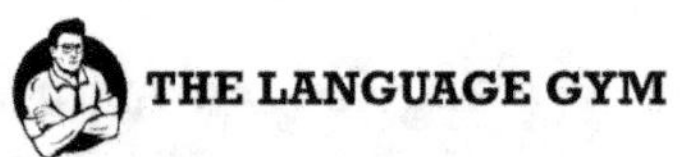

TRANSCRIPTS: Unit 12 - Talking about my daily routine

1. Listen and fill in the gaps

1. Il est six heures et **quart**.   2. Il est **une** heure.   3. Il est six heures et **demie**.
4. Je me lève vers **six** heures.   5. Je sors de chez moi à **sept** heures et demie.
6. Je vais au collège à huit heures **moins** le quart.   7. Je déjeune à **midi**.
8. Je fais mes devoirs **vers** cinq heures.   9. Je me couche vers neuf **heures**.

2. Multiple choice quiz: daily routine times

1. Je me lève tous les jours à sept heures.   2. J'ai récréation à dix heures dix.
3. Je sors du collège à quatre heures moins le quart.   4. Je regarde la télé à six heures moins le quart.
5. Je discute avec mes amis à dix heures vingt-cinq.   6. Les cours finissent à deux heures et demie.
7. Je prends le bus à trois heures moins vingt-cinq.   8. Mon père se couche à minuit.
9. Mon ami se lève à huit heures moins dix.   10. Mon ami sort de chez lui à huit heures moins le quart.

3. Spot the differences and correct your text

a. Je m'appelle Renaud. Je suis **belge**. Je me **lève** toujours vers six heures et demie.
b. Ensuite, je me douche et je **me peigne** après.
c. Je ne mange pas **beaucoup** le matin, mais mon frère Valentin mange des céréales dans la salle à manger avec **mon père**.
d. Je vais au collège **à pied** vers sept heures et quart.
e. Je rentre à la maison vers **trois** heures et **demie** et ensuite je me détends un peu.
f. En général, **j'écoute** de la musique dans le salon.
g. Après, je surfe sur internet, je regarde une série sur Netflix ou des vidéos sur TikTok dans ma **chambre**.
h. Ensuite, à **sept** heures, je prépare le repas avec ma mère dans la cuisine.
i. J'adore préparer des **gâteaux** car ils sont **délicieux**.
j. Je me couche tard, vers **minuit**.

4. Listen and note down in English what Caroline does at each time

Salut, je suis Caroline. Tous les jours, à 6:30 je me douche. Ensuite, je vais au collège en vélo à 7:15. Mon premier cours commence à 8:00. À 9:15, pendant la récréation, je mange un sandwich. Après le collège, à 3:30, je joue au basket avec mes amis. À 3:45, je rentre à la maison et je fais mes devoirs dans ma chambre. Ensuite, à 6:30 je vais au gymnase. Finalement, à 10:00 je regarde la télé, et après je me couche à 11:00.

5. Listening slalom: follow the speaker and number the boxes accordingly

a. Je m'appelle Myriam. Je me réveille. Ensuite, je me lève. Après, je me douche, et ensuite je sors de chez moi. Finalement, mon père me conduit au collège en voiture.
b. Je m'appelle René. Je me lève. Ensuite, je prends mon petit-déjeuner. Après, je m'habille, et ensuite, je me peigne. Finalement, je fais mes devoirs.
c. Je m'appelle Tristan. Je me douche. Ensuite, je vais au gymnase. Après, je prépare mon sac, et ensuite, je sors de chez moi. Finalement, je vais au collège.
d. Je m'appelle Joanna. Je me douche et je m'habille. Ensuite, je vais au collège. Après, je rentre à la maison, et ensuite, je me repose un peu. Finalement, je fais mes devoirs et je regarde la télé.

6. Narrow listening: gapped translation

Je m'appelle Pierre. J'ai **12** ans. Je suis de **Paris**. Ma routine journalière est très **simple**. En général, je me lève **tôt**, vers cinq heures et demie. Ensuite, je me douche et **je mets** mon uniforme. **Après**, je prends le petit-déjeuner avec mes frères. Ensuite, je **me brosse les dents** et je prépare mon **sac**. Vers sept heures **et quart**, je sors de chez moi et je vais au collège. Je **rentre** chez moi vers quatre heures. Après cela, je me repose **un peu**. Généralement, je lis mes magazines **favoris**. De six à **sept** heures, je fais mes devoirs. Ensuite, à huit heures, je **dîne**. Je ne mange pas de **viande**. Ensuite, je lis un **livre** ou je surfe sur **internet**. Finalement, **je me couche** à dix heures trente-cinq.

7. Fill in the grid: What do the different people do?

Salut! Je m'appelle **Valérie** et j'habite à la campagne. Tous les jours, je me douche à 7:30. Ensuite, je sors de chez moi et je vais au collège en vélo à 8:15. À midi, je mange du poulet avec des frites. Plus tard, de 3 à 4 heures, je joue au basket avec mes amis. À 6 heures, je fais mes devoirs pendant 2 heures et après à 8:30, je surfe sur internet et je regarde des vidéos de danse sur Tiktok.
Ma mère prépare le petit-déjeuner à 7:30 et ensuite va au travail à 8:15. À midi, elle mange une salade. À 3 heures, elle rentre à la maison à cheval. Après, elle va au centre sportif à 6 heures. Finalement, à 8:30 elle se repose en regardant une série sur Netflix.
Mon père se réveille à 7 heures et se rase à 7:30. Il arrive tôt au travail, à 8:15. À midi, il mange un steak avec des légumes. De 3 à 4 heures, il reste au bureau. Après 6 heures, il rentre à la maison en bus. Avant de dormir, de 8:30 à 11 heures, il regarde des vidéos sur YouTube.
Ma sœur se lève à 7:15 et s'habille à 7:30. Ensuite, elle va à l'université à 8:15. Elle étudie les sciences. À midi, elle va au gymnase. Après, à 3 heures, elle va a son cours de biologie. De 6 à 8 heures, elle joue sur son ordinateur et un peu plus tard, à 8:30, elle discute avec son ami Philippe.

ANSWERS: Unit 12 - Talking about my daily routine

Unit 12. Talking about my daily routine: LISTENING

1. Listen and fill in the gaps

1. Il est six heures et **quart**.   2. Il est **une** heure.   3. Il est six heures et **demie**.
4. Je me lève vers **six** heures.   5. Je sors de chez moi à **sept** heures et demie.
6. Je vais au collège à huit heures **moins** le quart.   7. Je déjeune à **midi**.
8. Je fais mes devoirs **vers** cinq heures.   9. Je me couche vers neuf **heures**.

2. Multiple choice quiz: daily routine times

1. 7:00 am	2. 10:10 am	3. 3:45 pm	4. 5:45 pm	5. 10:25 am
6. 2:30 pm	7. 2:35 pm	8. 12 am	9. 7:50 am	10. 7:45 am

3. Spot the differences and correct your text

a. Je m'appelle Renaud. Je suis **belge**. Je me **lève** toujours vers six heures et demie. Ensuite, je me douche et je **me peigne** après. Je ne mange pas **beaucoup** le matin, mais mon frère Valentin mange des céréales dans la salle à manger avec **mon père**. Je vais au collège **à pied** vers sept heures et quart. Je rentre à la maison vers **trois** heures et **demie** et ensuite je me détends un peu. En général, **j'écoute** de la musique dans le salon. Après, je surfe sur internet, je regarde une série sur Netflix ou des vidéos sur TikTok dans ma **chambre**. Ensuite, à **sept** heures, je prépare le repas avec ma mère dans la cuisine. J'adore préparer des **gâteaux** car ils sont **délicieux**. Je me couche tard, vers **minuit**.

4. Listen and write in English what Caroline does at each time

6:30	Shower		7:15	Goes to school by bike
8:00	Has her first lesson of the day		9:15	She has a sandwich
3:30	Plays basketball with friends after school		3:45	Goes home and does her homework
6:30	Goes to the gym		10:00	Watches television
11.00	Goes to bed			

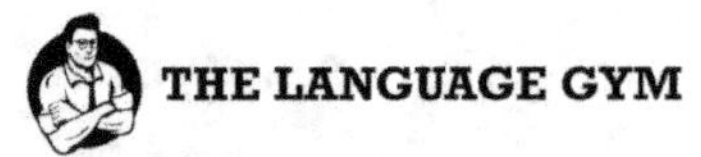

5. Listening slalom: follow the speaker and number the boxes accordingly

a. Myriam	b. René	c. Tristan	d. Joanna
Je me réveille. (1)	Je me lève. (2)	Je me douche. (3)	Je me douche et je m'habille. (4)
Ensuite, je vais au gymnase. (3)	Ensuite, je me lève. (1)	Ensuite, je prends mon petit-déjeuner. (2)	Ensuite, je vais au collège. (4)
Après, je rentre à la maison, (4)	Après, je m'habille, (2)	Après, je prépare mon sac, (3)	Après, je me douche, (1)
et ensuite, je sors de chez moi. (1)	et ensuite, je sors de chez moi. (3)	et ensuite, je me peigne. (2)	et ensuite, je me repose un peu. (4)
Finalement, je fais mes devoirs. (2)	Finalement, je fais mes devoirs et je regarde la télé. (4)	Finalement, mon père me conduit au collège en voiture. (1)	Finalement, je vais au collège. (3)

6. Narrow listening: gapped translation

My name is Pierre. I am **12**. I am from **Paris**. My daily routine is very **simple**. In general, I get up **early**, at around five thirty. Then I shower and **I put on** my uniform. **Afterwards**, I have breakfast with my brothers. Then, I **brush my teeth** and prepare my **bag**. At around **quarter** past seven, I leave home and go to school. I **come** home at around four. After this, I rest **a little**. Generally, I read my **favourite** magazines. From six to **seven** I do my homework. Then, at eight, I have **dinner**. I don't eat **meat**. Afterwards, I read a **book** or I surf on the **internet**. Finally, I **go to bed** at 10:35.

7. Fill in the grid: What do the different people do?

	Me (Valérie)	My mother	My father	My sister
At 7:30	shower	prepares breakfast	shaves	gets dressed
At 8:15	I go to school by bike	goes to work	arrives at work	goes to university
At 12:00	I have chicken with chips	has a salad	has a steak with vegetables	goes to the gym
From 3:00 to 4:00	play basketball with friends	comes back home (on horse)	is in the office	goes to her biology lesson
From 6:00 to 8:00	I do my homework	goes to the sports centre	comes back home (by bus)	plays on the computer
From 8:30 to 11:00	surf the web + watch dance videos on Tiktok	watches a series on Netflix	watches videos on Youtube	chats with her friend, Philippe

Unit 12. Talking about my daily routine: VOCAB BUILDING

1. Match

je me lève – I get up **je vais au collège** – I go to school   **je me couche** – I go to bed **je déjeune** – I have lun

je dîne – I have dinner **je prends le petit-déjeuner** – I have breakfast   **je me repose** – I rest
je rentre à la maison – I go back home

2. Translate into English

a. I get up at 6 a.m.   b. I go to bed at 11 p.m.   c. I have lunch at noon   d. I have breakfast at 6.05 a.m.
e. I go back home at 3.30 p.m.   f. I have dinner at about 8 p.m.   g. I watch TV   h. I listen to music
i. I leave the house at 7 a.m.

3. Complete with the missing words

a. **Je vais** au collège   b. **Je sors** de chez moi   c. **Je rentre** à la maison   d. **Je regarde** la télé

e. **Je fais** mes devoirs   f. **J'écoute** de la musique g. **Je joue** sur l'ordinateur   h. **Je déjeune** à midi

4. Complete with the missing letters

a. Je me **re**pose b. Je ren**tre** chez moi c. J'**éc**oute de la musique d. Je pr**ends** le petit-déjeuner
e. Je d**î**ne f. Je **va**is au collège g. Je me l**è**ve h. Je **me** couche i. Je **dé**jeune

5. Faulty translation – spot and correct any translation mistakes. Not all translations are wrong.

a. I **relax** a bit   b. I go to bed at **midnight**   c. I do **my** homework   d. I have **breakfast**
e. I **go** to school   f. I **come back** home   g. I watch TV   h. I leave **home**
i. I **brush my teeth**

6. Translate the following times into French

a. à six heures et demie b. à sept heures et demie   c. à vingt heures vingt   d. à midi
e. à neuf heures vingt   f. à vingt-trois heures   g. à minuit   h. à dix-sept heures quinze

Unit 12. Talking about my daily routine: VOCAB BUILDING (Part 2)

1. Complete the table

Je me couche – I go to bed   Je me brosse les dents – I brush my teeth Je me lève – I get up
Je rentre à la maison – I go back home À huit heures et quart – At 8.15 Je déjeune – I have lunch
Je dîne – I have dinner J'écoute de la musique – I listen to music Je sors de la maison – I leave the house
Je prends le petit-déjeuner – I have breakfast Je me repose – I rest Je fais mes devoirs – I do my homework
Je m'habille – I get dressed

2. Complete the sentences using the words in the table below

a. À sept heures et demie   b. Vers cinq heures   c. À huit heures du matin
d. À midi   e. À onze heures et quart   f. Vers trois heures moins vingt
g. À minuit   h. Vers quatre heures   i. Vers neuf heures du soir
j. À cinq heures moins vingt-cinq de l'après-midi

3. Translate into English (numerical)

a. At 8.30 b. At 9.15 c. At 9.55 d. At 12 am e. At 12 pm f. At 10.55 g. At 12.20 h. Around 2 pm

4. Complete

a. À **cinq** heures et d**emie** b. Vers h**uit heures** et quart c. À **m**idi d. À **neuf** heures **m**oins le q**uart**
e. À m**inuit** f. À o**nze** heures et **demie** g. Vers u**ne** heure d**u** matin

5. Translate the following into French

a. Je vais à l'école vers huit heures du matin b. Je rentre à la maison vers trois heures de l'après-midi
c. Je dîne à sept heures et demie du soir d. Je fais mes devoirs vers cinq heures et demie de l'après-midi
e. Je prends mon petit-déjeuner à sept heures moins le quart du matin

Unit 12. Talking about my daily routine: READING

1. Answer the following questions about Hiroto

a. Japan b. At around 6 c. With his mother and his little brother d. At around 7.30 e. Until 6 f. By bike

2. Find the French for the phrases below in Hiroto's text

a. Vers 11 heures b. Avec mes amis c. Je vais en vélo d. Je vais au parc e. Je me douche et je m'habille
f. Je ne mange pas beaucoup g. De six heures à sept heures et demie h. Je fais mes devoirs

3. Complete the statements below about Andreas

a. He gets up at **around five o'clock**   b. He comes back from school at **around 3.30**   c. For breakfast he eats **fruit** and drinks **a hot chocolate**   d. He has breakfast with **his mother and his sister**   e. After getting up he **goes jogging** then showers and **he gets dressed**   f. Usually he **plays the PlayStation** until midnight

4. Find the French for the following phrases/sentences in Gregorio's text

a. Je suis mexicain b. Je me douche c. Avec mes deux frères d. Je me détends un peu

Unit 12. Talking about my daily routine: READING

1. Find the French for the following in Yang's text

a. Je suis chinoise   b. Ma routine journalière   c. Je me douche   d. Très simple
e. Vers sept heures et demie   f. Je ne mange pas beaucoup   g. Je regarde la télé   h. Je vais au collège
i. Je fais mes devoirs   j. De six à sept heures et demie

2. Translate these items from Kim's text

a. Je suis anglaise   b. Généralement   c. Vers cinq heures et demie
d. Avec ma mère et ma demi-sœur   e. Je rentre à la maison   f. Vers trois heures
g. Je dîne avec ma famille   h. Je me détends un peu   i. Je me brosse les dents

3. Answer the following questions on Anna's text

a. Italian   b. 6.15am   c. She surfs on the internet, watches TV or reads fashion magazines
d. By bus   e. Older sister   f. Around 11pm   g. Fruit or salad   h. A novel

4. Find someone who...

a. Anna b. Anna c. Anna d. Kim e. Yang. f. Kim g. Kim

Unit 12. Talking about my daily routine: WRITING

1. Split sentences

Je vais au collège en bus   Je rentre à la maison   Je fais mes devoirs   Je regarde la télé
Je joue sur l'ordinateur   Je me lève vers six heures   Je me couche à minuit   Je sors de chez moi

2. Complete with the correct option

a. Je me lève **à** six heures du matin   b. Je fais **mes** devoirs   c. Je regarde **la** télé
d. Je joue sur mon **ordinateur**   e. Je me **couche** à minuit   f. Je rentre **à la** maison
g. Je sors de **chez** moi   h. Je vais au collège **en** bus

3. Spot and correct the grammar and spelling mistakes [in several cases a word is missing]

a. Je vais **au** collège à vélo   b. Je me lève à sept heures et demi**e**   c. Je sors **de** chez moi à huit heures
d. Je rentre **à la** maison   e. Je vais **au** collège en bus   f. Je me couche vers onze **heures**
g. Je dîne à huit heures moins le **quart**   h. Je fais mes devoirs à cinq heures **et** demie

4. Complete the words

a. Qu**art**   b. De**mie**   c. À d**ix heures**   d. V**ers neuf heures**   e. À **huit heures**
f. Vi**ngt** g. **Ensuite**   h. Je **déjeune**   i. Je **rentre**   j. Je **joue**

5. Guided writing: write 3 short paragraphs in the first person [I] using the details below

Éloi: Je me lève à six heures et demie, puis je me douche à sept heures. Je vais au collège à huit heures cinq et je rentre à la maison à trois heures et demie. Je regarde la télé à six heures, ensuite je dîne à huit heures dix. Je me couche à onze heures dix.

Sandrine: Je me lève à sept heures moins vingt, puis je me douche à sept heures dix. Je vais au collège à huit heures moins vingt et je rentre à la maison à quatre heures. Je regarde la télé à six heures et demie, ensuite je dîne à huit heures et quart. Je me couche à minuit.

Juliette: Je me lève à sept heures et quart, puis je me douche à sept heures et demie. Je vais au collège à huit heures et je rentre chez moi à trois heures et quart. Je regarde la télé à sept heures moins vingt, puis je dîne à huit heures vingt. Je me couche à onze heures et demie.

TERM 3 – BRINGING IT ALL TOGETHER – 12

1. Complete the sentences below using paragraphs 1, 2 and 3 as reference

a. My name is Aoife and I am **15** years old   b. Today I am feeling **happy**
c. My mother is more **patient** than my father   d. My grandparents are very kind and **generous**
e. Conor enjoys playing **the drums**   f. Conor is very intelligent and **hard-working**
g. He is more **handsome** than Aoife

2. Find the French equivalent for the following in paragraph 4

a. Daily: **Journalière**   b. Early: **Tôt**   c. Then: **Ensuite**   d. I get dressed: **Je m'habille**   e. Around: **Vers**
f. I have breakfast: **Je prends le petit-déjeuner**   g. I brush my teeth: **Je me brosse les dents**   h. On horseback: **À cheval**

3. Answer (in English) the following questions about paragraphs 5 and 6

a. Spanish   b. She likes to sing and speak in Spanish, she has a lot of friends and the teacher is funny
c. It's boring   d. It's useful for the future   e. Goes back home   f. Listens to music and chats with her friends
g. She does her homework or reads a book   h. 20:15   i. Healthy food   j. Watches a film
k. With her siblings   l. 23:15

4. Find the French equivalent in par. 1 to 3

a. Same as: **comme**   h. Than: **que**
b. Birthday: **anniversaire**   i. To read: **lire**
c. I live: **j'habite**   j. Books: **livres**
d. Older: **aîné**   k. To watch: **regarder**
e. Twin sister: **sœur jumelle**   l. Talkative: **bavarde**
f. Funnier: **plus amusante**   m. Hair: **cheveux**
g. Strict: **sévère**   n. Straight: **raides**

5. Find the 13 mistakes in the following English translation of paragraph 4

My daily routine is **quite** simple. Normally, I **get up** at around **quarter to seven**. It is quite **early**. Afterwards, I **shower** and I **brush my hair**. Finally, I put on my uniform. Afterwards, I **have breakfast** with my **sister** Aoife. Afterwards, I brush my **teeth** and prepare my **backpack**. Around **half past seven** I leave the house and go to school with Aoife. We go to school by **horse** because it is fast and **fun**.

6. Answer the questions below on paragraphs 5 and 6 in French, as if you were Órla

a. L'allemand   b. J'adore parler en allemand en classe et ma prof explique toujours très bien les choses
c. Car c'est un peu difficile et compliqué   d. Vers trois heures et demie   e. Les devoirs   f. Je vais au gymnase et je fais de l'escalade avec mes amis g. Je vais sur internet et je tchatte avec mes amis   h. La nourriture épicée   i. Avec mon frère Conor et ma sœur Aoife   j. À onze heures et quart

7. Identify and translate into English the SEVEN items on the list below which are not included in paragraph 6

a. Entre - between   b. Petit déjeuner - breakfast   c. Amusant - funny
d. f. Un peu – a bit   e. Simple – simple   f. Je mets – I put on
g. Je porte – I wear

TRANSCRIPTS: Unit 13 – Talking about weekend plans

1. Sentence puzzle

a. Le week-end prochain b. Je vais aller au cinéma   c. Mon ami va aller à la piscine
d. Je voudrais aller au stade avec mes amis   e. Je vais aller me promener   f. Je vais aller au parc pour faire du vélo
g. Je vais aller au cinéma pour regarder un film d'action   h. Je vais aller au centre commercial pour acheter des choses

2. Tick or cross

a. Je vais aller à la piscine avec mes amis
b. Le week-end prochain, je vais aller me promener
c. Samedi prochain, je vais regarder un film à la maison
d. Je voudrais aller au stade pour jouer au foot
e. Mon ami va aller au parc
f. Mon frère va faire du sport après le collège
g. Je voudrais regarder un match de foot à la télé
h. Le week-end prochain, je vais jouer aux jeux vidéo

3. Listen and fill in the gaps

a. Le week-end **prochain**, je vais aller au **parc**
b. Je vais aller au centre **commercial** pour acheter des **vêtements**
c. Mon **meilleur** ami va aller à la **plage** pour **bronzer**
d. Je vais **aller** au parc **pour** faire du **sport**
e. Je **voudrais** aller au **stade** pour voir un **match**
f. Je vais aller **au** cinéma pour **regarder** un **film** d'action
g. Je vais aller au **parc** pour **faire** du vélo avec **mes** amis
h. Je vais aller **en** boîte **avec** mon **frère** aîné

4. Break the flow

a. Je vais aller au parc b. Je vais aller au cinéma   c. Je vais aller à la plage   d. Mon ami va aller à la piscine
e. Je vais aller au centre commercial f. Je voudrais aller au stade   g. Je vais aller au parc pour faire du vélo
h. Je vais aller au stade pour jouer au foot

5. Spot and cross out the intruder in each sentence

a. Le week-end prochain je vais aller en boîte
b. Je vais aller au stade pour regarder un match de foot
c. Mon ami Pierre va aller au parc avec mon frère
d. Samedi ma sœur va aller à une fête
e. Demain je vais aller à la piscine. Ce sera amusant!
f. Le week-end prochain je vais aller à la plage

6. Faulty translation: spot and fix the translation errors

a. Je vais aller à la piscine   d. Je vais aller me promener
b. Je vais aller au collège   e. Je vais aller acheter des choses
c. Je vais aller au stade   f. Je vais faire du vélo

7. Gapped translation: word level

Le week-end prochain, je vais faire beaucoup de choses. Premièrement, le **vendredi**, après le collège, je vais aller au **centre commercial** avec ma mère et ma **sœur** pour acheter des vêtements et d'autres **choses**. Ce sera un peu **ennuyeux**. Le samedi, je vais aller au parc pour **faire** du **vélo** et après je vais jouer **au foot** avec mes amis. Ce sera **amusant**. Le soir, nous allons aller au **restaurant** avec mes parents. Le dimanche, je vais aller au **gymnase** avec mon **frère** pour faire de la musculation. Ce sera **fatigant**. Après cela, je vais aller en **boîte** avec mon **meilleur ami** Paul.

8. Write in English the places each person is going to go to

a. Je vais aller au restaurant

b. Je vais aller à la piscine

c. Je vais aller au centre commercial

d. Je vais aller au parc

e. Je vais aller au stade

f. Je vais aller à la plage

g. Je vais aller au cinéma

9. Gapped translation: phrase level

a. Le samedi, je vais aller **au parc pour faire du vélo**

b. Le dimanche, je vais aller **à la piscine pour nager**

c. Le week-end prochain, je vais aller **au gymnase pour faire de la musculation**

d. Le samedi, je vais aller **à la plage pour bronzer**

e. Le dimanche, je vais aller **au stade pour voir un match**

f. Le samedi, je vais aller **au centre commercial pour acheter des choses**

g. Le week-end prochain, je vais aller **au cinéma pour regarder un film**

10. Arrange in the correct order

Le week-end prochain
je vais faire beaucoup de choses.
Premièrement, le samedi
je vais aller au gymnase avec mon frère
pour faire de la musculation
et à la piscine pour nager.
Ensuite, le dimanche
je vais aller au stade
avec mes amis
pour regarder un match du Paris Saint-Germain.

11. Broken words

a. Je **vais** aller au ci**néma** pour r**egarder** un film

b. Le week-end p**rochain** je vais a**ller** au p**arc**

c. Sam**edi** je vais a**ller** au st**ade**

d. Dim**anche** je **vais** aller au gymnase

e. Ce se**ra** fati**gant** mais amu**sant**

f. Je v**ais** aller au **cen**tre comm**er**cial

g. Je vais al**ler** à **la** pis**ci**ne pour **na**ger

h. Je vais aller a**u** restau**rant** pour dî**ner** avec m**a** famil**le**

12. Slalom listening

a. Le week-end prochain, je vais aller au gymnase pour faire de la musculation avec mon frère aîné. Ce sera fatigant.

b. Samedi prochain, je vais aller à la piscine pour nager avec mes amis. Ce sera génial.

c. Dimanche prochain, je vais aller au centre commercial avec ma sœur pour acheter des vêtements et d'autres choses. Ce sera un peu ennuyeux.

d. Aujourd'hui, je vais aller au parc pour faire du vélo avec mon meilleur ami. Ce sera amusant.

ANSWERS: Unit 13 - Talking about weekend plans

Unit 13. Talking about weekend plans: LISTENING

1. Sentence puzzle

a. Le week-end prochain   b. Je vais aller au cinéma   c. Mon ami va aller à la piscine
d. Je voudrais aller au stade avec mes amis   e. Je vais aller me promener
f. Je vais aller au parc pour faire du vélo   g. Je vais aller au cinéma pour regarder un film d'action
h. Je vais aller au centre commercial pour acheter des choses

2. Tick or cross

a. Piscine √ b. En boîte X c. Cinéma X d. Stade √ e. Me promener X f. Sport √ g. Match √ h. Gymnase X

3. Listen and fill in the gaps

a. Le week-end **prochain**, je vais aller au **parc**
b. Je vais **aller** au centre **commercial** pour acheter des **vêtements**
c. Mon **meilleur** ami va aller à la **plage** pour **bronzer**
d. Je vais **aller** au parc **pour** faire du **sport**
e. Je **voudrais** aller au **stade** pour voir un **match**
f. Je vais aller **au** cinéma pour **regarder** un **film** d'action
g. Je vais aller au **parc** pour **faire** du vélo avec **mes** amis
h. Je vais aller **en** boîte **avec** mon **frère** aîné

4. Break the flow

a. Je vais aller au parc   b. Je vais aller au cinéma   c. Je vais aller à la plage   d. Mon ami va aller à la piscine
e. Je vais aller au centre commercial   f. Je voudrais aller au stade   g. Je vais aller au parc pour faire du vélo
h. Je vais aller au stade pour jouer au foot

5. Spot and cross out the intruder in each sentence

a. Le week-end prochain je ~~ne~~ vais aller en boîte   b. Je vais aller au ~~en~~ stade pour regarder un match de foot
c. Mon ami Pierre va aller au ~~la~~ parc avec mon frère   d. Samedi ma sœur va ~~et~~ aller à une fête
e. Demain je vais aller à la piscine. Ce sera ~~très~~ amusant!   f. Le week-end ~~du~~ prochain je vais aller à la plage

6. Faulty translation: spot and fix the translation errors

a. I am going to go to the **pool**
b. I am going to go to **school**
c. I am going to go to the **stadium**
d. I am going to go **for a walk**
e. I am going to buy **things**
f. I am going to ride my **bike**

7. Gapped translation: word level

Next weekend, I am going to do many things. Firstly, on **Friday**, after school, I am going to go to the **shopping centre** with my mother and **sister** to buy clothes and other **things**. It will be a bit **boring**. On Saturday I will go to the park to **ride** my **bike** and after that I am going to play **football** with my friends. It will be **fun**. In the evening, we are going to go to the **restaurant** with my parents. On Sunday I will go to the **gym** with my **brother** to do bodybuilding. It will be **tiring**. After that, I will go **clubbing** with my **best friend** Paul.

8. Write in English the places each person is going to go to

a. Restaurant
b. Pool
c. Shopping centre
d. Park
e. Stadium
f. Beach
g. Cinema

9. Gapped translation: phrase level

a. Park to ride my bike   b. Pool to swim   c. Gym to do bodybuilding   d. Beach to sunbathe
e. Stadium to watch a match   f. Shopping centre to buy things   g. Cinema to watch a film

10. Arrange in the correct order

I'm going to go to the gym with my brother	4
to watch a Paris Saint-Germain match.	10
First, on Saturday	3
I'm going to go to the stadium	8
to do bodybuilding	5
with my friends	9
Next weekend	**1**
Then, on Sunday	7
I'm going to do many things.	2
and to the pool to swim.	6

11. Broken words

a. Je **vais** aller au **cinéma** pour **re**gar**der** un film   b. Le week-end **pro**chain je vais a**ller** au **parc**
c. Sam**edi** je vais a**ller** au s**tade**   d. Dim**anche** je **vais** aller au gymnase   e. Ce se**ra** fati**gant** mais amu**sant**
f. Je v**ais** aller au **cen**tre comme**r**cial   g. Je vais al**ler** à la **pi**scine pour **na**ger
h. Je vais aller a**u** restau**rant** pour dî**ner** avec ma famil**le**

12. Slalom listening

a.	b.	c.	d.
Next weekend **(a)**	Next Saturday **(b)**	Next Sunday **(c)**	Today **(d)**
I am going to go to the swimming pool **(b)**	I am going to go to the gym **(a)**	I am going to go to the park **(d)**	I am going to go to the shopping centre **(c)**
to do bodybuilding **(a)**	to ride my bike **(d)**	with my sister **(c)**	to swim **(b)**
with my best friend. **(d)**	to buy clothes and other things. **(c)**	with my friends. **(b)**	with my older brother. **(a)**
It will be great. **(b)**	It will be fun. **(d)**	It will be tiring. **(a)**	It will be a bit boring. **(c)**

Unit 13. Talking about weekend plans: VOCABULARY BUILDING

1. Gapped translation

a. Je vais aller au parc   *I am going to go to the **park***
b. Je vais aller me promener   *I am going to go for a **walk***
c. Je vais aller à la piscine   *I am going to go to the **swimming pool***
d. Je vais aller au gymnase   *I am going to go to the **gym***
e. Je vais aller à la pêche   *I am going to go to **fishing***
f. Ce sera fatigant   *It will be **tiring***
g. Ce sera relaxant   *It will be **relaxing***
h. Ce sera ennuyeux   *It will be **boring***
i. Ce sera amusant   *It will be **fun***

2. Match

piscine – pool   **fatigant** – tiring   **plage** – beach   **vélo** – bike   **magasins** – shops   **vêtements** – clothes
parc – park   **gymnase** – gym

3. Faulty translation

a. Je vais aller au centre commercial pour acheter des choses.   I am going to the mall to buy **things**.
b. Je vais aller à la piscine pour nager.   I am going to the swimming pool to **swim**.
c. Je vais aller au parc pour faire du vélo.   I am going to go to the park to **ride my bike**.
d. Je vais aller à la plage pour bronzer.   I am going to the beach to **sunbathe**.
e. Je vais aller en boîte pour danser.   I am going to **go clubbing** to **dance**.
f. Je vais aller me promener. Ce sera relaxant.   I am going to go for a walk. It will be **relaxing**.
g. Ma sœur va aller en boîte. Ce sera amusant.   My sister is going to go **clubbing**. It will be fun.
h. Mon meilleur ami va aller au stade.   My best friend is going to go **to the stadium**.

4. Complete with the correct option

a. Je vais **aller** au parc
b. Le week-end **prochain**
c. Je vais aller **à** la plage
d. Je vais aller à la **pêche**
e. Je voudrais aller me **promener**
f. Je vais aller **faire** les magasins
g. pour **bronzer**
h. pour faire du **vélo**

5. Sentence puzzle

a. Je vais aller au parc
b. Mon ami va aller au stade
c. Je vais aller faire les magasins
d. Je vais aller à la piscine
e. Je vais aller me promener
f. Ma sœur va aller en boîte
g. Je vais aller au gymnase
h. Je vais aller au centre commercial
i. Je voudrais aller à la plage
j. Mon frère va aller au restaurant

6. Find the French for the words on the right

p					p	l	a	g	e		f
i			f								a
s		m	a	g	a	s	i	n	s		j	t
c			i			r				e	i
i			r			e				v	g
n			e			l				o	a
e			d		p	a	r	c		u	n
			u			x				d	t
	j	e	v	a	i	s	a	l	l	e	r	
			é			n				a	
			l			t				i	
			o	a	m	u	s	a	n	t	s

7. Break the flow

a. Je vais aller faire les magasins pour acheter des vêtements
b. Je vais aller au centre commercial pour acheter des choses
c. Je vais aller au parc pour faire du vélo
d. Je vais aller me promener. Ce sera relaxant
e. Je vais aller faire de la musculation. Ce sera fatigant
f. Je vais aller à la piscine pour nager. Ce sera amusant

8. Translate into English

a. I am going to go for a walk   b. I am going to go shopping   c. I am going to go to the gym
d. I am going to go to the sports centre   e. I am going to go to the swimming pool   f. I am going to ride a bike

9. Tick the 3 sentences which are error free and cross & correct the ones which contain errors

a. Je vais aller à le **au** parc
b. Je vais pour acheter des choses
c. Je vais aller à **me** promener
d. Je vais aller en boîte √
e. ...pour faire **du** vélo
f. Le week-end prochain √
g. Ce sera relaxant √
h. Je voudrais vais aller
i. ...pour **faire** les magasins

10. Split sentences

Je vais aller au	parc
Je vais aller me	promener
Je vais aller à la	piscine
Je vais aller	faire les magasins
Ce sera	fatigant
Je voudrais	aller à la plage
Je vais aller au cinéma	pour regarder un film
Je vais aller au parc	pour faire du vélo

11. Complete with the missing letters

a. Je vais aller me prome**ner** b. Pour faire les magas**ins** c. Ce sera fatig**ant.** d. Je voudrais aller en boî**te**
e. Je ne vais pas aller au cin**éma** f. Ce sera ennuy**eux** g. Je vais aller au **parc** h. Je vais aller à la pl**age**

Unit 13. Talking about weekend plans: READING

1. Find the French for the following in Yang's text

a. Je ne fais pas grand-chose b. Le samedi c. Je joue aux échecs d. Le week-end prochain e. Beaucoup de sport
f. Pour faire du vélo g. Pour jouer au basket h. Le dimanche i. Je vais aller j. Frère aîné k. Ensuite
l. Pour faire de la musculation

2. Complete based on Kim's text

a. On weekends I do a lot of **sport** b. In the morning I go **jogging** in the park
c. The football pitch is **near** my house d. Next weekend I am going to do **little** sport
e. On Saturday I am going **to go shopping** with my parents and I am going to buy a new **phone**
f. On Sunday I am going to the park to **play basketball**
g. After the cinema I am going to **go to my best friend's home** to play PlayStation

3. Answer the following questions on Anna's text

a. Goes shopping, reads a book or watches TV b. Clothes and a new computer c. A comedy d. Go jogging
e. She plans to do gymnastics f. Go for a walk

4. Find someone who, next weekend, is going to...

a. Anna b. Anna c. Kim d. Yang e. Yang f. Kim g. Yang

Unit 13. Talking about weekend plans: WRITING

1. Broken words

a. Je vais aller au cin**é**ma avec me**s** ami**s** b. L**e** week-end pro**chain** c. Je voud**rais** al**ler** au par**c**
d. Je va**is** al**ler** au centre commercial e. Je vais aller a**u** gymna**se** ave**c** ma sœur
f. Mon frère va al**ler** faire les magasins g. M**on** meilleur ami va aller à la piscine
h. Je vais aller au stade p**our** regar**der** un match i. Je vais aller à la pl**age** pour bron**zer**

2. Anagrams: unscramble the weird word

a. Je vais aller faire les **magasins**   b. Ce sera **amusant**   c. Je voudrais aller me **promener**   d. Je vais aller à la **piscine**   e. Mon **meilleur** ami va aller au gymnase   f. Mon frère va aller au stade **pour** voir un match   g. Je vais aller à la plage pour **bronzer**   h. Le week-end **prochain** je vais aller au parc

3. Tangled translation: into French

a. Je vais **aller** à la **piscine**   b. Mon **meilleur** ami **va** aller au **gymnase**   c. Mon frère **aîné** va aller au stade **pour regarder** un match   d. Je vais aller à la **plage** pour **bronzer**   e. **Le** week-end **prochain** je vais aller au **parc**
f. **Je voudrais** aller me **promener** dans **le centre** de la ville   g. Je vais **aller au** centre commercial pour **acheter** des **vêtements** et d'autres **choses**   h. **Ce sera** amusant mais **fatigant**

4. Spot and correct the errors

a. Je vais aller ~~au~~ **à la** piscine   b. La semaine prochaine **je** vais aller au parc   c. Je voudrais aller à la plage ~~de~~ **pour** bronzer   d. Je vais aller au cinéma pour regarder un film **d'**action   e. Mon meilleur ami**e** va aller au gymna~~z~~se
f. Mon frère va**s** aller au stade   g. Je vais aller au centre co**mm**ercial pour acheter des choses
h. Je vais aller **à** la plage pour nager

5. Translate into French

a. Le week-end prochain, je vais aller au parc pour faire du vélo
b. Samedi prochain je vais aller au cinéma pour voir un film d'action
c. Dimanche prochain je vais aller à la plage avec mes amis
d. Je vais aller au gymnase pour faire de la musculation. Ce sera fatigant
e. Le week-end prochain, mon ami va aller au stade pour voir un match
f. Je vais aller au parc pour me promener
g. Mon ami va aller au centre commercial pour acheter des vêtements
h. Je vais aller au centre ville pour faire du shopping
i. Je vais aller au centre sportif pour nager

TERM 3 – BRINGING IT ALL TOGETHER – 13

1. Find the French for the following in the paragraphs indicated in brackets

a. Une grande ville   b. Heureux   c. Plus tard   d. Affectueuse   e. Nous allons toujours   f. Danser   g. Belle
h. Plus que   i. Assez   j. Je me réveille tôt   k. Je prends le petit-déjeuner   l. Je sors de chez moi   m. J'adore
n. Mes propres chansons   o. Ils m'aident   p. Je vais faire   q. Je vais aller

2. Complete the following translation of paragraph 4

My daily routine is quite **simple**. In general, I wake up **early**, at around seven o'clock in the **morning**. Afterwards I wash and **get dressed**. Then at about seven-thirty, I **have breakfast** with my father and my sister. Normally, I have cereal with **milk**. My father has a toast and a coffee with **milk**. After that I **prepare** my **schoolbag** and **leave the house**.

3. Correct the 11 mistakes in the following translation of paragraph 7

Next **weekend** I am going to do a lot of **sport**. On **Saturday**, I am going to go to the park to ride my **bike** and to the **sports centre** to play **basketball** with my friends. On **Sunday** I am going to go to the **swimming pool** to swim with my **older** brother and then to the gym to do some **bodybuilding**. It will be **tiring**!

4. Answer the following questions about paragraphs 1 to 4 in French, as if you were Annike

a. Je suis d'Autriche   b. Aujourd'hui, je suis très heureuse car plus tard je vais aller voir un match   c. Quatre
d. Très gentille   e. Wolfgang et Helga   f. Ils sont très sympathiques   g. Ma sœur Sonja   h. Vers six heures et demie du matin   i. Dans la cuisine   j. Rien   k. Au collège

5. Find the French equivalent for the following in paragraphs 5 and 6

a. Ma matière préférée   b. J'adore travailler   c. Dans le futur   d. Comme mon père
e. Est assez bon   f. Ils nous donnent toujours   g. J'apprends beaucoup   h. Ils m'aident toujours
i. Je peux apprendre sur

6. Paragraph 7 was copied incorrectly. Spot and correct the 10 mistakes

Le week-end prochain, je vais faire **beaucoup** de choses avec mes **amis**. Le samedi, je vais aller **au** centre **commercial** pour faire **les** magasins et aller **à** mon restaurant italien préféré. Le dimanche, je vais aller au gymnase **pour** faire de la musculation et **ensuite** je vais aller au **cinéma**.

7. Translate the following phrases from paragraph 7 into English

a. Next weekend   b. To do many things   c. To go shopping   d. I am going to go   e. To do bodybuilding

TERM 3 – MIDPOINT – RETRIEVAL PRACTICE

1. Answer the following questions in French – Students' own answers

2. Write a paragraph in the first person singular (I) providing the following details

Je m'appelle Lionel et j'ai douze ans. Je suis de Belgique mais j'habite à Londres. Ma routine journalière est simple : tous les jours, je me lève à six heures, ensuite je me douche, je prends le petit-déjeuner avec mon frère et ensuite je vais au collège en bus à sept heures et demie. Je rentre chez moi vers quatre heures. L'après-midi, je mange du pain et de la confiture ou du miel et je bois une tasse de chocolat chaud. Plus tard, je joue à la PlayStation, je vais sur internet et je regarde des films à la télévision avec ma famille. Je n'aime pas le collège parce que les professeurs sont trop stricts et donnent trop de devoirs. Cependant, j'adore les cours de dessin parce que le professeur est amusant et m'aide toujours. Le week-end prochain, je vais faire beaucoup de sport : je vais aller au gymnase, à la piscine et je vais aussi jouer au tennis. Je vais aussi aller faire les magasins et acheter des vêtements avec mes amis. Finalement, je vais aller au cinéma pour regarder un film d'action.

3. Write a paragraph in the third person singular (he/she) providing the following details about a real or fictitious friend – Students' own answers

TRANSCRIPTS: Unit 14 - Talking about food: likes, dislikes & reasons

1. Listen and fill in the gaps

a. J'adore **le chocolat**.   b. Raphaël aime beaucoup **le miel**.   c. Paul n'aime pas du tout **les légumes**.
d. Alexandre adore **le fromage**.   e. Mon père adore **la confiture** de fraises.   f. Ma mère déteste **les bananes**.
g. Mon frère adore **les crevettes**.   h. Ma sœur raffole de **poulet rôti** épicé.   i. Je déteste **les œufs**.

2. Mystery words: guess the words, then listen and see how many you guessed right

a. l'**eau** b. le **miel** c. l'**œuf** d. la **viande** e. le **poulet** f. la **pomme** g. le **pain** h. le **riz**

3. Spot the differences and correct your text

a. J'adore les fruits, surtout les **fraises**.   b. Je déteste les légumes, surtout les **tomates**.
c. Je n'aime pas le poulet **rôti**.   d. J'aime beaucoup **le fromage**.
e. J'aime **un peu** les pâtes.   f. J'adore le jus **d'orange**.
g. La viande rouge est **mal**saine.   h. Le café est **dégoûtant**.
i. Les hamburgers sont **gras**.   j. Les légumes sont **délicieux**.
k. Les **carottes** sont croquantes.   l. Je n'aime pas **du tout** le lait.

4. Listen, spot and correct the spelling and grammar errors

a. J'**aime** les légumes, car ils sont sains.   b. J'**adore** les hamburgers.   c. Le poisson et la viande sont **savoureux**.
d. J'aime **assez** le jus d'orange.   e. Je mange **beaucoup** de poisson, car c'est riche en protéines.
f. Je n'aime pas **la** viande, car c'est gras.   g. J'adore **le** poulet rôti, car c'est savoureux.
h. J'**aime** beaucoup les calamars frits, même s'ils sont malsains.

5. Faulty translation: spot the translation errors and correct them

Je m'appelle Philippe. Qu'est-ce que j'aime manger? J'adore les **légumes**, surtout les tomates. Je les **mange** tous les jours. Mes légumes favoris sont les tomates et **les épinards** car ils sont riches en vitamines. J'aime aussi **le miel** car c'est **sucré** et les fruits car c'est **sain**. Je déteste **la viande** et **le poisson**. Ils sont riches en protéines, mais ne sont pas **savoureux**.

6. Why do they like/dislike these foods?

1. J'aime les fruits car ils sont sains et sucrés.
2. Mon frère adore les œufs car ils sont riches en protéines et savoureux.
3. Sylvie déteste les légumes car ils sont dégoûtants.
4. Naomi n'aiment pas les crêpes car elles sont trop sucrées.
5. Pauline n'aime pas les tomates car elles ne sont pas savoureuses.
6. Caroline adore les oranges car elles sont amères et saines.
7. Raphaël adore la nourriture indienne car c'est épicé et savoureux.
8. Ahmed ne mange pas de porc pour des raisons religieuses.
9. Rose n'aime pas les saucisses car elles sont grasses et malsaines.
10. Jean aime le poisson car c'est salé, savoureux et sain.
11. Thérèse déteste les frites car elles sont salées et malsaines.
12. Sophie déteste les carottes car elles sont dures et pas savoureuses.

7. Listening slalom: follow the speaker from top to bottom and number the boxes accordingly

1. J'adore la viande car c'est savoureux et riche en protéines. J'en mange avec de la salade ou des frites.
2. Je déteste les épinards et les tomates car ils sont dégoûtants. Je préfère les carottes.
3. Je ne supporte ni les hamburgers, ni les saucisses, ni les frites parce qu'ils sont gras et malsains.
4. J'adore le chocolat et les gâteaux car ils sont sucrés et délicieux, même s'ils sont un peu malsains.

8. Answer the questions below about Marie

Salut, je m'appelle Marie. J'habite à Saint-Malo et il y a 6 personnes dans ma famille. Mes parents adorent manger de la viande, mais par contre ma mère déteste les tomates. Mon frère, Raphaël, mange toujours du poulet rôti épicé avec des frites, il adore ça! Mon autre frère, Jean, adore le poisson et les fruits de mer. Et moi? J'adore le pain avec du beurre et de la confiture. Cependant, je déteste les œufs. À mon avis, ils sont dégoûtants.

ANSWERS: Unit 14 - Talking about food: likes, dislikes & reasons

Unit 14. Talking about food: LISTENING

1. Listen and fill in the gaps

a. J'adore **le chocolat**.   b. Raphaël aime beaucoup **le miel**.   c. Paul n'aime pas du tout **les légumes**.
d. Alexandre adore **le fromage**.   e. Mon père adore **la confiture** de fraises.   f. Ma mère déteste **les bananes**.
g. Mon frère adore **les crevettes**.   h. Ma sœur raffole de **poulet rôti** épicé.   i. Je déteste **les œufs**.

2. Mystery words: guess the words, then listen and see how many you guessed right

a. l'**eau** b. le **miel** c. l'**œuf** d. la **viande** e. le **poulet** f. la **pomme** g. le **pain** h. le **riz**

3. Spot the differences and correct your text

a. J'adore les fruits, surtout les **fraises**.　　b. Je déteste les légumes, surtout les **tomates**.

c. Je n'aime pas le poulet **rôti**.　　d. J'aime beaucoup **le fromage**.

e. J'aime **un peu** les pâtes.　　f. J'adore le jus **d'orange**.

g. La viande rouge est **mal**saine.　　h. Le café est **dégoûtant**.

i. Les hamburgers sont **gras**.　　j. Les légumes sont **délicieux**.

k. Les **carottes** sont croquantes.　　l. Je n'aime pas **du tout** le lait.

4. Listen, spot and correct the spelling and grammar errors

a. J'**aime** les légumes, car ils sont sains.　　b. J'**adore** les hamburgers.

c. Le poisson et la viande sont **savoureux**.　　d. J'aime **assez** le jus d'orange.

e. Je mange **beaucoup** de poisson, car c'est riche en protéines.　　f. Je n'aime pas **la** viande, car c'est gras.

g. J'adore **le** poulet rôti, car c'est savoureux.　　h. J'**aime** beaucoup les calamars frits, même s'ils sont malsains.

5. Faulty translation: spot the translation errors and correct them

Je m'appelle Philippe. Qu'est-ce que j'aime manger? J'adore les **légumes**, surtout les tomates. Je les **mange** tous les jours. Mes légumes favoris sont les tomates et **les épinards** car ils sont riches en vitamines. J'aime aussi **le miel** car c'est **sucré** et les fruits car c'est **sain**. Je déteste **la viande** et **le poisson**. Ils sont riches en protéines, mais ne sont pas **savoureux**.

6. Why do they like/dislike these foods?

1. Healthy and sweet	2. Rich in protein and tasty	3. Disgusting
4. Too sweet	5. Not tasty	6. Bitter and healthy
7. Spicy and tasty	8. Religious reasons	9. Greasy and unhealthy
10. Salty, tasty and healthy	11. Salty and unhealthy	12. Hard and not tasty

7. Listening slalom: follow the speaker from top to bottom and number the boxes accordingly

1	2	3	4
I love (1)	I hate (2)	I can't stand (3)	I love (4)
chocolate (4)	meat (1)	spinach (2)	burgers (3)
and cakes (4)	sausages (3)	because it is (1)	and tomatoes (2)
or French fries (3)	because they are sweet (4)	because they are (2)	tasty (1)
and delicious (4)	disgusting. (2)	and rich in protein. (1)	because they are (3)
greasy (3)	I eat it with salad (1)	I prefer (2)	even if (4)
they are a bit unhealthy (4)	and unhealthy (3)	or French fries (1)	carrots (2)

8. Answer the questions below about Marie

a. How many people are in Marie's family? – **Six**　b. What do her parents love? – **Meat**

c. What does her mother hate? – **Tomatoes**

d. What does her brother Raphaël love? – **Spicy roast chicken and French fries**

e. What does her brother Jean love? – **Fish and seafood**

f. What does Marie love? – **Bread with jam and butter**

g. What does she hate? – **Eggs**　h. Why? – **She thinks they are disgusting**

Unit 14. Talking about food: VOCABULARY BUILDING

1. Match

les bananes – bananas   **les fraises** – strawberries   **la viande** – meat   **le poulet** – chicken   **l'eau** – water
le lait – milk   **les œufs** – eggs   **les crevettes** – prawns   **les hamburgers** – burgers   **les fruits** – fruit
les pommes – apples

2. Complete

a. J'aime beaucoup le **poulet**   b. J'adore les **crevettes**   c. J'aime les **fraises**   d. J'adore le **lait**
e. J'adore les **bananes**   f. Je préfère l'**eau** minérale   g. Je n'aime pas les **tomates**   h. Je déteste le **poulet**
i. J'adore les **fruits**   j. Je n'aime pas les **œufs**   k. Je préfère les **légumes**

3. Translate into English

a. I like fruit   b. I hate eggs   c. I love roast chicken   d. I like burgers   e. I hate meat   f. I prefer oranges
g. I don't like tomatoes   h. I hate milk

4. Complete the words

a. le fro**mage**   b. les ba**nanes**   c. les fr**uits**/fr**aises**   d. les lég**umes**   e. les hamb**urgers**   f. les cre**vettes**
g. le poi**sson**   h. le r**iz**

5. Turn the negative opinions into positive ones and vice versa

a. J'adore les pâtes   b. J'aime les légumes   c. Je déteste les fruits   d. J'aime le lait   e. Je n'aime pas le poisson
f. J'adore le pain   g. J'adore le chocolat   h. Je déteste les fraises   i. J'aime le café

6. Translate into French

a. J'aime les œufs   b. J'adore les oranges   c. Je déteste les tomates   d. Je n'aime pas les crevettes
e. J'adore les fruits   f. Je n'aime pas les légumes   g. Je déteste le lait

Unit 14. Talking about food: VOCABULARY BUILDING

1. Complete with the missing words. The initial letter of each word is given

a. Ces bananes sont d**égoûtantes**   b. Ces pommes sont d**élicieuses**   c. Ce poulet est très é**picé**
d. Je n'aime pas la v**iande**   e. Ce café est très **sucré**   f. Les hamburgers sont m**alsains**   g. Les légumes sont **sains**
h. Ce jus de fruits est r**afraîchissant**   i. Ces fraises sont j**uteuses**

2. Complete the table

le lait – **milk**   **le poulet rôti** – roast chicken   le poisson – **fish**   les œufs – **eggs**   **le miel** – honey   **le pain** –
bread   les céréales – **cereals**   le pain grillé – **toast**   **les crevettes** – prawns   **les légumes** – vegetables
l'eau – water

3. Broken words

a. Je n'**aime** **pas** **les** œufs   b. J'**adore** **les** **pommes**   c. Je d**éteste** les hamburgers   d. J'**aime** b**eaucoup** le
chocolat   e. Le **café** c'est s**avoureux**   f. Le **poisson** c'est **sain**   g. Le curry indien c'**est** très **épicé**   h. L'eau,
c'est r**afraîchissant**

4. Complete each sentence in a way which is logical and grammatically correct

a. Les **hamburgers** ne sont pas sains   b. Les bananes **savoureuses/sucrées**   c. Je n'**aime** pas le lait.

d. J'**aime/adore** le poulet rôti   e. J'**aime** le poisson car c'est délicieux

f. Je **déteste/n'aime pas** la viande rouge car c'est malsain.   g. J'**aime** les légumes car c'est sain et délicieux.

h. Je **déteste** le fromage car c'est dégoûtant

Unit 14. Talking about food: READING

1. Find the French for the following in Robert's text

a. J'adore les fruits de mer   b. J'aime beaucoup les crevettes   c. Ils sont délicieux   d. Le poisson aussi

e. Le saumon   f. J'aime assez   g. De plus   h. Surtout i. Ils ne sont pas savoureux

2. Violette, Fernand or Robert? Write V, F or R next to each statement below

a. *Robert*   b. Fernand   c. Violette   d. Robert   e. Robert   f. Fernand   g. Violette   h. Fernand

3. Complete the following sentences based on Alexandre's text

a. Alexandre loves **vegetables**   b. He eats them **every day**
c. His favourite vegetables are **spinach**, **carrots** and **aubergines/egg plants**
d. He also likes **fruit** because it is **healthy** and **delicious**   e. He hates **meat** and **fish**

4. Fill in the table below (in English) about Xavier

Xavier: Loves – meat   **Likes a lot** – burgers, fruit   **Hates** – tomatoes, carrots, eggs   **Doesn't like** – vegetables, fries/chips

Unit 14. Talking about food: TRANSLATION

1. Faulty translation: spot and correct any translation mistakes you find below

a. I ~~hate~~ **love** prawns   b. I ~~like~~ **hate** ~~meat~~ **chicken**   c. I ~~don't~~ like honey   d. I love ~~apples~~ **oranges**
e. Eggs are ~~tasty~~ **disgusting**   f. Bananas are rich in ~~protein~~ **vitamins**   g. Fish is **very** ~~un~~healthy
h. I prefer ~~tap~~ **mineral** water   i. I ~~love~~ **hate** vegetables   j. I love rice ~~pudding~~   k. I ~~quite~~ **don't** like fruit
l. Fried squid is ~~salty~~ **tasty**

2. Translate into English

a. Prawns are delicious   b. Fish is tasty   c. Chicken is rich in protein   d. I love rice   e. Red meat is unhealthy
f. Some fried squids   g. Eggs are disgusting   h. I prefer sparkling water   i. I love prawns
j. I don't like vegetables   k. I like carrots   l. This coffee is very sweet   m. A disgusting apple
n. Some oranges rich in vitamins

3. Phrase-level translation: English to French

a. le poulet épicé   b. ce café   c. j'aime assez   d. très sucré   e. une pomme dégoûtante

f. des oranges délicieuses   g. je n'aime pas   h. j'adore   i. du poisson savoureux   j. de l'eau minérale

k. de la viande rôtie

4. Sentence-level translation: English to French

a. J'aime beaucoup le poulet épicé   b. J'aime les oranges car elles sont saines

c. La viande est savoureuse mais mauvaise pour la santé

d. Ce café est très sucré   e. Les œufs sont dégoûtants

f. J'adore les oranges. Elles sont délicieuses et riches en vitamines

g. J'adore le poisson. C'est savoureux et riche en protéines   h. Les légumes sont dégoûtants.

i. Je préfère les bananes   j. Ce thé est sucré   k. J'adore l'eau gazeuse

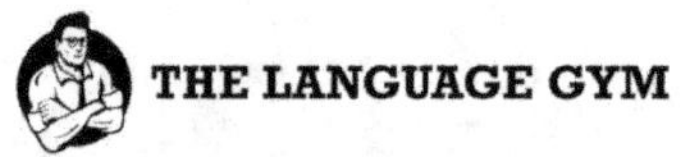

Unit 14. Talking about food: WRITING

1. Split sentences

*J'aime **le poulet rôti**.*   Je déteste les légumes car **ils sont dégoûtants**   Je préfère **la viande**   Ce **café est sucré**
J'aime assez les **fruits** Les frites sont **délicieuses, mais malsaines** J'adore **les bananes**

2. Rewrite the sentences in the correct order

e.g. J'adore le poulet rôti a. Je déteste les légumes b. Ce café est sucré c. Les frites sont malsaines

d. Je préfère l'eau minérale e. Les légumes sont dégoûtants f. J'aime beaucoup les oranges parce qu'elles sont délicieuses

3. Spot and correct the grammar and spelling

a. J'aime les orange**s** b. Je n'aime **pas** les légumes c. Les œufs **sont** dégoûtants d. J'adore ce café   (Correct)

e. Je pr**éfè**re les carottes f. Je déteste **la** viande

4. Anagrams

a. Dégoûtant b. Légumes c. *Viande* d. Poisson e. Sain f. Sucré g. Lait

5. Guided writing

Nathan : Je m'appelle Nathan. J'adore le chorizo parce que c'est épicé. J'aime assez le lait parce que c'est sain, mais je n'aime pas la viande rouge et je déteste les œufs parce que c'est dégoûtant.

Irène : Je m'appelle Irène et j'adore le poulet parce que c'est sain. J'aime beaucoup les oranges parce c'est sucré, mais je n'aime pas le poisson et je déteste la viande parce c'est malsain.

Juliette : Je m'appelle Juliette et j'adore le miel parce que c'est sucré. J'aime bien le poisson parce que c'est savoureux, mais je n'aime pas les fruits et je déteste les légumes parce qu'ils sont ennuyeux.

6. Describe this person in the third person

Il s'appelle Raphaël et il a dix-huit ans. Il est grand, beau, sportif et sympa. Il est étudiant. Il adore le poulet et il aime les légumes, mais il n'aime pas la viande rouge et il déteste le poisson.

TERM 3 – BRINGING IT ALL TOGETHER – 14

1. Complete the sentences below based on paragraph 4 in Andrew's text

a. Andrew is **14** years old   b. Today he is a bit **tired** and stressed   c. My **older** sister is called Skye
d. Skye enjoys reading books, **writing** and singing   e. Skye has **brown** hair and green eyes
f. Andrew is more **sporty** than her   g. He does sport **every day**   h. Andrew gets up very **early**

2. Find the French for the following in paragraph 5

a. Vegetables: **Légumes**
b. I eat: **Je mange**
c. Also: **Aussi**
d. Especially: **Surtout**
e. Veal: **Veau**
f. Tasty: **Savoureux**
g. Healthy: **Sain**
h. Fish: **Poisson**
i. What: **Qu'est-ce que**
j. But: **Mais**
k. Them: **En**
l. So: **Alors**
m. Very: **Très**
n. Only: **Seulement**
o. Once: **Une fois**
p. Eggs: **Œufs**

3. Some of the below statements about Andrew are incorrect. Spot them and correct the inaccuracies

a. Today, Andrew has **too much** homework   b. Correct   c. They have breakfast in the **kitchen**
d. He goes to school **walking**   e. He only eats meat **once** a week   f. Correct   g. His favourite subject is **art**
h. Correct   i. Next **Friday** he will go shopping   j. He will also watch a movie at **home**

4. Translate the following phrases from paragraphs 1 to 3

a. I live here   b. My older sister   c. Relaxed   d. Listens to me   e. Water sports   f. Sporty and strong
g. Long blond hair   h. Sportier than me

5. Fix the 10 mistakes in the following English translation of paragraph 4

During the week my daily routine is the same every day. In general, I **wake up** around 7 o'clock in the morning. Then, I wash my **face** and brush my teeth and I **get dressed**. Afterwards, at seven-**fifteen**, I have breakfast with my sister ~~Maisie~~ in the **dining room**. The two of us have toasts with butter and cereals with **milk** for breakfast. I **always** go to school by bus. I like to go to school by bus because I can **chat** with my friends.

6. Answer the questions below about paragraphs 6 and 7 in French, as if you were Angus

a. Oui. Les professeurs sont bons, ils ne nous grondent jamais et ils ne sont pas très sévères.
b. La meilleure chose, c'est que j'ai beaucoup de bons amis.
c. Parce que je suis très logique   d. Il est très strict   e. À la plage   f. Avec mes amis
g. On va nager et bronzer   h. Dans le parc   i. Des hamburgers et de la salade   j. Ma cousine
k. Un hamburger au tofu car elle est végétarienne   l. Je vais rester chez moi

TRANSCRIPTS: Unit 15 - My holiday plans

1. Listen and fill in the gaps

1. Cet été, je **vais** aller en vacances en Corse.   2. Je vais voyager en **avion**.
3. Nous allons **passer** une semaine là-bas.   4. Ce **sera** divertissant.   5. Je vais **rester** dans un hôtel de luxe.
6. Je vais **danser**.   7. Nous allons faire les **magasins**.   8. J'aimerais faire de la **plongée**.
9. Nous aimerions **faire** du sport.

2. Spot the differences and correct your text

a. Cet **été**, je vais aller en vacances au Maroc.   b. Je vais passer **deux semaines** là-bas.
c. Je vais y aller avec **ma petite amie**.   d. Nous allons rester dans un hôtel **bon marché**.
e. Je vais faire du **sport**.   f. Mon **frère** va acheter des **vêtements**.
g. Nous allons aller à la **plage**.   h. Je vais **bronzer** au soleil.
i. J'aimerais faire de la **plongée**.   j. Nous aimerions **faire les magasins**.

3. Multiple choice quiz

1. Il est suisse.   **2.** Il voyage en bateau.   **3.** Il voyage seul.   **4.** Il va rester dans un hôtel de luxe.
5. Il va passer deux semaines là-bas.   **6.** Il va aller en boîte.   **7.** Il va aussi bronzer au soleil.   **8.** Ce sera génial!

4. Write in the missing words

Cet été, je vais aller en vacances à Rome, en Italie. Je vais voyager en avion. Nous allons passer une semaine là-bas.
Nous allons rester dans un hôtel de luxe. Je vais aller en boîte. Mes sœurs vont aller faire les magasins ...
...et mes parents vont aller acheter des souvenirs ...et faire du tourisme car il y a beaucoup de sites historiques ici.

5. Listen, spot and correct the spelling and grammar errors

Cet été, je vais aller **en** vacances **en** avion en Allemagne.
Je vais **passer** deux semaine**s** là-bas.
Je vais y aller avec toute **ma** famille.
Nous allons rest**er** dans un h**ô**tel de **luxe** avec une piscine près de la **rivière**.
Le matin, nous allons aller à la **pêche**.
L'après-midi, nous allons faire **les** magasins et faire du tourisme.
Vers huit heures, **nous** allons dîner dans un **restaurant** local pour manger des plats **typiques**.
Le soir, ma sœur et moi **allons** aller en boîte
J'aime**rais** aussi visiter Berlin. Ce **sera** génial!

6. Listen to Charles and answer the questions below in English

Salut, je suis Charles. Cet été, je vais aller en vacances à Hendaye, dans le sud-ouest de la France. Mes vacances commencent le 20 juin. Je vais passer deux semaines là-bas et je vais voyager en voiture, avec mon meilleur ami. Nous allons rester chez mon cousin. Il habite dans la banlieue de la ville. C'est situé sur la côte, à 10 minutes du centre-ville. Comme activités, nous allons aller à la plage, bronzer au soleil, manger de la nourriture locale et faire un peu de tourisme.

7. Narrow listening: fill in the grid

a. Salut, je suis **Caroline**. Cet été, je vais aller en vacances avec mon petit ami dans le sud de la France. Nous allons partir le 20 mai et nous allons passer un mois là-bas. Nous allons rester chez une amie. Notre amie habite à la montagne. Pendant les vacances, nous allons faire du vélo, de l'escalade et nous allons dormir et manger beaucoup.
b. Salut, je suis **Benjamin**. Cet été, je vais aller en vacances avec ma famille dans le nord de l'Italie. Nous allons partir le premier juillet et nous allons passer deux semaines là-bas. Nous allons rester dans une ferme à la campagne. Pendant les vacances, nous allons nous reposer, faire de la randonnée et faire de l'équitation. J'adore les chevaux!
c. Salut, je m'appelle **Sophie**. Cet été, je vais aller en vacances avec trois amies dans le sud de l'Espagne. Nous allons partir le 15 août et nous allons passer 5 jours là-bas. Nous allons rester dans un hôtel de luxe. L'hôtel est sur la côte. Pendant les vacances, nous allons nager, faire de la plongée et bronzer au soleil.
d. Salut, je suis **Mathieu**. Cet été, je vais aller en vacances avec mon meilleur ami au Japon. Nous allons partir le 30 septembre et nous allons passer une semaine là-bas. Nous allons rester dans un hôtel bon marché en centre-ville. Pendant les vacances nous allons faire du tourisme, faire les magasins et aussi aller en boîte.

ANSWERS: Unit 15 - My holiday plans

Unit 15. My holiday plans: LISTENING

1. Listen and fill in the gaps

1. Cet été, je **vais** aller en vacances en Corse.   2. Je vais voyager en **avion**.
3. Nous allons **passer** une semaine là-bas.   4. Ce **sera** divertissant.   5. Je vais **rester** dans un hôtel de luxe.
6. Je vais **danser**.   7. Nous allons faire les **magasins**.   8. J'aimerais faire de la **plongée**.
9. Nous aimerions **faire** du sport.

2. Spot the differences and correct your text

a. Cet **été**, je vais aller en vacances au Maroc.   b. Je vais passer **deux semaines** là-bas.
c. Je vais y aller avec **ma petite amie**.   d. Nous allons rester dans un hôtel **bon marché**.
e. Je vais faire du **sport**.   f. Mon **frère** va acheter des **vêtements**.
g. Nous allons aller à la **plage**.   h. Je vais **bronzer** au soleil.
i. J'aimerais faire de la **plongée**.   j. Nous aimerions **faire les magasins**.

3. Multiple choice quiz

1. He is Swiss. 2. He is travelling by boat. 3. He is travelling alone. 4. He is going to stay in a luxury hotel.
5. He is going to stay there for 2 weeks. 6. He is going to go clubbing. 7. He is also going to sunbathe.
8. It will be great!

4. Write in the missing words

Cet été, je vais aller en vacances **à** Rome, **en** Italie.
Je **vais** voyager en avion. Nous allons passer une semaine **là-bas**.
Nous allons **rester** dans un hôtel **de** luxe.
Je vais aller en boîte. Mes sœurs vont aller faire **les** magasins …
…et mes parents vont **aller** acheter des souvenirs
…et faire du tourisme car **il y a** beaucoup de sites historiques **ici**.

5. Listen, spot and correct the spelling and grammar errors

Cet été, je vais aller **en** vacances **en** avion en Allemagne.
Je vais **passer** deux semaine**s** là-bas.
Je vais y aller avec toute **ma** famille.
Nous allons rest**er** dans un h**ô**tel de **luxe** avec une piscine près de la **rivière**.
Le matin, nous allons aller à la **pêche**.
L'après-midi, nous allons faire **les** magasins et faire du tourisme.
Vers huit heures, **nous** allons dîner dans un **restaurant** local pour manger des plats **typiques**.
Le soir, ma sœur et moi **allons** aller en boîte
J'aime**rais** aussi visiter Berlin. Ce **sera** génial!

6. Listen to Charles and answer the questions below in English

Where is he going on holiday? (two details) – **Hendaye, in south west of France**
When does his holiday begin? – **On 20th June**
How long for? – **2 weeks**
How is he travelling? – **Car**
Who with? – **His best friend**
Who are they staying with? – **With his cousin**
In which part of town are they going to stay? – **Outskirts**
What are they going to do there? (4 details) – **Go to the beach / Sunbathe / Eat local food / Do sightseeing**

7. Narrow listening: fill in the grid in English

	1. Caroline	2. Benjamin	3. Sophie	4. Mathieu
Destination	South of France	Northern Italy	South of Spain	Japan
Who with	Boyfriend	Family	Three friends	Best friend
Departure date	20th May	1st July	15th August	30th September
How long for	1 month	2 weeks	5 days	1 week
Accommodation	A friend's house	Farm	Luxury hotel	Cheap hotel
Location	Mountain	Countryside	Coast	Centre of the city
Activities	1. Bike riding 2. Climbing 3. Eating and sleeping	1. Resting 2. Hiking 3. Horse riding	1. Swimming 2. Scuba diving 3. Sunbathing	1. Sightseeing 2. Shopping 3. Clubbing

Unit 15. My holiday plans: VOCABULARY BUILDING

1. Match

je vais aller – I am going to go   **je vais passer** – I am going to spend   **je vais rester** – I am going to stay
bon marché – cheap   **un camping** – a campsite   **j'aimerais** – I would like to   **acheter** – to buy
ce sera génial – it will be cool

2. Complete with the missing word

a. Manger et **dormir**   b. Je vais me **reposer**   c. J'**aimerais** aller   d. **Jouer** avec mes amis   e. Je **vais rester** dans
f. **Ce sera** ennuyeux   g. Nous allons **passer**   h. Je vais voyager en **avion**   i. Je vais passer deux semaines **là-bas**
avec ma **famille**

3. Translate into English

a. This summer I'm going to go to Italy   b. I'm going to spend 3 weeks there   c. I'm going to go to Bordeaux by
plane   d. We are going to buy souvenirs   e. I'd like to go out into town   f. I am going to play with my friends
g. We would like to eat and sleep   h. I am going to rest every day   i. I am going to do sports with my brother

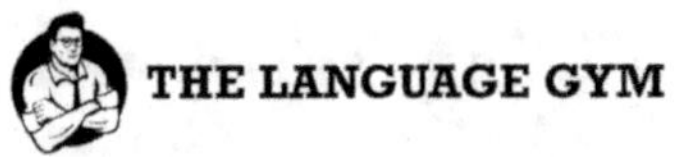

4. Broken words

a. Mang**er** et dorm**ir** b. Nous allons **rester** c. Je vais p**asser** d. Je **voudrais** aller   e. Aller à la p**lage**

f. F**aire** du vélo g. B**ronzer** h. Ce **sera** amusant

5. 'Aller', 'Jouer' or 'Faire'?

a. **faire** des courses   b. **aller** à la plage   c. **faire** du tourisme   d. **jouer** au foot   e. **faire** de la plongée   f. **aller** en boîte   g. **faire** du vélo   h. **faire** du sport   i. **jouer** aux échecs j. . **jouer** de la guitare

6. Bad translation: spot any translation errors and fix them

a. ~~Last~~ **This** summer ~~I am~~ **we are** going to go   b. I am going to go to Ardèche with my ~~mother~~ **father**
c. I am going to ~~drink~~ **eat** and sleep   d. I would like to rest ~~a bit~~ **one hour**   e. ~~I am~~ **We are** going to stay in a hotel
f. I am going to spend one week t**h**ere   g. ~~I am~~ **We are** going to travel by ~~coach~~ **car**
h. ~~We are~~ **I am** going to stay in my family's house

Unit 15. My holiday plans: READING

1. Find the French for the following in Hugo's text

a. je suis de b. mais j'habite à c. je vais voyager en à d. avec ma petite amie e. nous allons passer
f. tous les jours g. je ne vais pas

2. Find the French for the following in Diana's text

a. en bateau b. j'ai beaucoup de temps   c. je vais passer   e. j'adore danser f. donc g. aussi
h. c'est très ennuyeux

3. Complete the following statements about Deryk

a. He is from **Canada**   b. His favourite person is **his wife Anna**
c. They will travel to **England** and **Canada**
d. In Quebec, Deryk is going to **hike** and **go out with friends**
e. Anna is going to **ride a bike** and **eat delicious food**

4. List any 8 details about Dino (in 3ʳᵈ person) in English

1. His name is Dino   2. He is Italian   3.This summer he is going to Mexico   4. He is going by plane

5. He is going to spend 2 weeks   6. He is going on his own   7. He is going to visit monuments. 8. He is going to stay in a caravan

5. Find someone who...

a. Diana   b. Dino   c. Hugo   d. Hugo   g. Hugo

Unit 15. My holiday plans: READING

1. Answer the following questions about Bixente

a. Guéthary   b. a turtle   c. with his family   d. in a luxurious hotel   e. by plane and car   f. see the Interceltic Festival   g. he is going to go shopping

2. Find the French for the phrases below in Joséphine's text

a. cet été   b. et ensuite   c. qui s'appelle   d. le lac   e. le parapente   f. divertissant   g. essayer

h. bronzer ensemble

3. Find the French for the following phrases/sentences in Fred's text

a. mon ami Éric   b. deux semaines   c. ce sera très impressionnant   d. ce sera dur   e. je voudrais me reposer

f. jouer de la guitare   g. notre groupe favori   h. le rock

4. Find someone who...

a. Joséphine   b. Fred   c. Bixente   d. Fred   e. Joséphine   f. Fred   g. Fred   h. Bixente

Unit 15. My holiday plans: TRANSLATION/WRITING

1. Gapped translation

a. Je vais aller en **vacances**   b. Je vais voyager en **voiture**   c. Nous allons **passer** une semaine **là-bas**

d. **Je vais** rester dans un hôtel **bon marché**   e. Nous allons manger et **dormir** tous les **jours**

f. S'il fait **beau**, je vais aller à la **plage**   g. Je vais faire les **courses**

2. Translate to English

a. to eat   b. to buy   c. to rest   d. to go sightseeing   e. to go to the beach   f. every day   g. by plane   h. to go diving
i. to go out in the city centre

3. Spot and correct the grammar and spelling mistakes

a. Je vais faire **du** sport   b. Je **vais** passer une semaine **là-bas**   c. Je vais rester dans un hôtel **de** luxe

d. Nous allons rester dans **un** hôtel   e. Je voudrais jouer **au** foot   f. Nous allons sortir au cent**re**-ville

g. Je vais **aller** à la plage   h. Je vais jouer **avec** mes amis

4. Categories: Positive or Negative?

a. Ce sera amusant – **P**   b. Ce sera ennuyeux – **N**   c. Ce sera agréable – **P**   d. Ce sera relaxant – **P**   e. Ce sera
intéressant– **P**   f. Ce sera horrible – **N**   g. Ce sera nul – **N**   h. Ce sera dégoûtant – **N**   i. Ce sera fascinant – **P**
j. Ce sera impressionnant – **P**

5. Translate into French

a. Je vais me reposer   b. Je vais faire de la plongée   c. Nous allons aller à la plage   d. Je vais bronzer
e. Je voudrais faire du tourisme   f. Je vais rester dans ....   g. ...un hôtel bon marché
h. Nous allons passer deux semaines   i. Je vais aller là-bas en avion   j. Ce sera amusant

TERM 3 – BRINGING IT ALL TOGETHER – 15

1. True (T), False (F) or Not Mentioned (NM)?

Today, Barri is quite sad	F
He doesn't get on well with his mother	F
Barri has a girlfriend	NM
He has breakfast in the dining room	F
For breakfast he has toast with honey	F
He loves vegetables	T
He doesn't eat fish	NM
He likes Indian food but has it rarely	F
He likes strawberries a lot	T
He can't stand his school	F
He enjoys singing	T
He is going on holiday to northern Spain	F
In Marseille he'll stay in a luxury hotel	T
He will go shopping every day	T

2. Find the French equivalent for the following phrases/sentences in the text

a. Je suis très heureux   b. Je vais aller en vacances c. Je m'entends très bien   d. Cependant   e. Un peu
f. Il me gronde   g. Je me réveille   h. J'adore les légumes   i. Je ne mange pas de viande   j. Ils expliquent bien les choses   k. J'aime chanter   l. Je vais aller   m. Nous allons passer   n. Je vais faire les magasins

3. Read paragraphs 1 to 3 and complete the following statements correctly

a. Frédérique lives in a **small** village   b. Frédérique's dad cycles **every day**
c. There is a mountain near **where she lives**   d. Her grandparents are called **Gabriele** and **Alessia**
e. Her **older** sister is called Francesca   f. Francesca likes **painting** and **singing**
g. Frédérique's friends say she is **funnier** than Francesca

4. Correct the 14 mistakes in the following translation of paragrahs 4 and 5

What do I like to eat? I **love** vegetables, such as **lettuce**, tomatoes and **cucumbers** because they are rich in vitamins and minerals. My favourite is **Chinese** food. I eat it twice a **week**. I like fruit a lot, **especially watermelon**.

I **like** my school because the **teachers** are very kind and **funny**. They **always** help me when I have a problem. My favourite subject is music. My music teacher plays the **drums** and the piano **very** well, but his **main** instrument is the violin. He plays in the Roma and Lazio orchestra. In the future I would like to be a **professional musician** like him.

5. Answer the questions below in French as if you were Frédérique

a. Sur la côte de Lazio   b. Cyclisme   c. Peinture et chant   d. Créative et talentueuse   e. La cuisine chinoise
f. Je déteste ça   g. ~~Très~~ gentils et drôles   h. J'aimerais être musicien professionnel   i. Les vacances d'été!
j. À Athènes, en Grèce   k. En avion et en train   l. Dans une maison typique   m. Les plats locaux

1. Fill in the missing question words – Daily life
a. À **quelle heure tu** te réveilles?   b. Que **fais-tu** le matin?
c. Que **manges-tu** normalement pour le petit-déjeuner?   d. **À quelle heure** sors-tu de chez toi?
e. **Comment** vas-tu au collège?   f. **Que** vas-tu **faire** le week-end prochain?
g. **Où** voudrais-tu aller?   h. Qu'est-ce **que** tu **voudrais** faire?   i. Avec **qui** vas-tu y **aller**?

2. Sentence Puzzle – Food: listen and re-arrange the sentences

a. Que manges-tu normalement le matin?

b. Quelle nourriture aimes-tu? Pourquoi?

c. Tu aimes le poisson?

d. Quelle est ta nourriture préférée?

e. Il y a un plat que tu détestes?

f. Tu préfères les légumes ou la viande?

g. Quel est ton fruit préféré?

3. Tangled translation – Holidays: into French

a. **Où** vas-tu aller en **vacances** cet **été**?   b. **Comment** vas-tu **voyager**? **Pourquoi**?
c. Combien de **temps** vas-tu **passer** là-bas?   d. Où **vas-tu** rester?   e. **Que** voudrais-tu **faire** là-bas?

4. Translate, then listen and check

a. Où?
b. Comment?
c. Quand?
d. À quelle heure?

e. Que fais-tu?
f. Avec qui?
g. Tu aimes…?
h. Combien de temps?

5. Listen and write in the missing information to the questions: Daily life

a. À **quelle** heure tu te réveilles? *Je me **réveille** vers **six** heures du **matin***
b. Que **fais-tu** le matin? *Le matin, je prends toujours le **petit-déjeuner** avec ma **mère** dans la **cuisine***
c. **Que** prends-tu normalement? *Normalement, je **prends** un jus d'**orange** et une tartine avec du **miel***
d. À **quelle heure** sors-tu de **chez** toi? *Je **sors** de chez moi à **sept** heures et **quart***
e. **Comment** vas-tu au **collège**? *Je vais au **collège** à **pied** avec mon meilleur **ami***
f. **Quels** sont tes projets pour le week-end **prochain**? *Le week-end **prochain**, je vais **aller** me **promener** avec mon **chien** au parc et après je vais **regarder** un **film***
g. **Où voudrais**-tu aller? *S'il fait **beau**, je **voudrais** aller à la **piscine***
h. Avec **qui** vas-tu y **aller**? *Je vais **y aller** avec mes **parents** car j'**aime** passer du **temps** avec eux*

6. Listen and write in the missing information to the questions: Food & Holidays

a. **Quelle** nourriture **aimes-tu**? Pourquoi? *J'**aime** beaucoup la nourriture **épicée** car c'est **délicieux***

b. Tu **aimes** le **poisson**? *J'**adore** le **poisson**, mais ce que j'**aime** le plus ce sont les **fruits de mer***

c. **Quelle** est ta nourriture **préférée**? *Ma **nourriture** préférée est la **glace à la fraise***

d. **Il y a** un plat que tu **détestes**? **Pourquoi**? *Oui, je **déteste** les **tomates**. Elles sont **dégoûtantes***

e. **Où** vas-tu aller en **vacances** cet **été**? *Cet **été** je vais aller en **vacances** en **France***

f. **Comment** vas-tu **voyager**? *Premièrement, je vais **voyager** en **avion** et après en **voiture***

g. Combien de **temps** vas-tu passer **là-bas**? *Je vais passer **deux** semaines **là-bas***

h. **Où** vas-tu **rester**? *Je vais **rester** dans un **hôtel** à la **montagne***

i. **Que** voudrais-tu **faire** là-bas? *Je **voudrais** faire de la **randonnée** et de l'escalade car j'**aime** les **sports** en plein air*

ANSWERS:
TERM 3 – BRINGING IT ALL TOGETHER – QUESTION SKILLS

1. Fill in the missing question words – Daily life

a. À **quelle heure tu** te réveilles?   b. Que **fais-tu** le matin?   c. Que **manges-tu** normalement pour le petit-déjeuner?   d. **À quelle heure** sors-tu de chez toi?   e. **Comment** vas-tu au collège?   f. **Que** vas-tu **faire** le week-end prochain?   g. **Où** voudrais-tu aller?   h. Qu'est-ce **que** tu **voudrais** faire?   i. Avec **qui** vas-tu y **aller**?

2. Sentence Puzzle – Food: listen and re-arrange the sentences

a. Que manges-tu normalement le matin?

b. Quelle nourriture aimes-tu? Pourquoi?

c. Tu aimes le poisson?

d. Quelle est ta nourriture préférée?

e. Il y a un plat que tu détestes?

f. Tu préfères les légumes ou la viande?

g. Quel est ton fruit préféré?

3. Tangled translation – Holidays: into French

a. **Où** vas-tu aller en **vacances** cet **été**?   b. **Comment** vas-tu **voyager**? **Pourquoi**?
c. Combien de **temps** vas-tu **passer** là-bas?   d. Où **vas-tu** rester?   e. **Que** voudrais-tu **faire** là-bas?

4. Translate, then listen and check

a. Où?   e. Que fais-tu?
b. Comment?   f. Avec qui?
c. Quand?   g. Tu aimes…?
d. À quelle heure?   h. Combien de temps?

5. Listen and write in the missing information to the questions: Daily life

a. À **quelle** heure tu te réveilles? *Je me **réveille** vers **six** heures du **matin***
b. Que **fais-tu** le matin? *Le matin, je prends toujours le **petit déjeuner** avec ma **mère** dans la **cuisine***
c. **Que** prends-tu normalement pour le petit-déjeuner?
*Normalement, je **prends** un jus d'**orange** et une tartine avec du **miel***
d. À **quelle heure** sors-tu de **chez** toi? *Je **sors** de chez moi à **sept** heures et **quart***
e. **Comment** vas-tu au **collège**? *Je vais au **collège** à **pied** avec mon meilleur **ami***
f. **Quels** sont tes projets pour le week-end **prochain**? *Le week-end **prochain**, je vais **aller** me **promener** avec mon **chien** au parc et après je vais **regarder** un **film***
g. **Où voudrais**-tu aller? *S'il fait **beau**, je **voudrais** aller à la **piscine***
h. Avec **qui** vas-tu y **aller**? *Je vais **y aller** avec mes **parents** car j'**aime** passer du **temps** avec eux*

6. Listen and write in the missing information to the questions: Food & Holidays
a. **Quelle** nourriture **aimes-tu**? Pourquoi? *J'**aime** beaucoup la nourriture **épicée** car c'est **délicieux***
b. Tu **aimes** le **poisson**? *J'**adore** le **poisson**, mais ce que j'**aime** le plus ce sont les **fruits de mer***
c. **Quelle** est ta nourriture **préférée**? *Ma **nourriture** préférée est la **glace à la fraise***
d. **Il y a** un plat que tu **détestes**? **Pourquoi**? *Oui, je **déteste** les **tomates**. Elles sont **dégoûtantes***
e. **Où** vas-tu aller en **vacances** cet **été**? *Cet **été** je vais aller en **vacances** en **France***
f. **Comment** vas-tu **voyager**? *Premièrement, je vais **voyager** en **avion** et après en **voiture***
g. Combien de **temps** vas-tu passer **là-bas**? *Je vais passer **deux** semaines **là-bas***
h. **Où** vas-tu **rester**? *Je vais **rester** dans un **hôtel à la montagne***
i. **Que** voudrais-tu **faire** là-bas? *Je **voudrais** faire de la **randonnée** et de l'**escalade** car j'**aime** les **sports** en plein air*